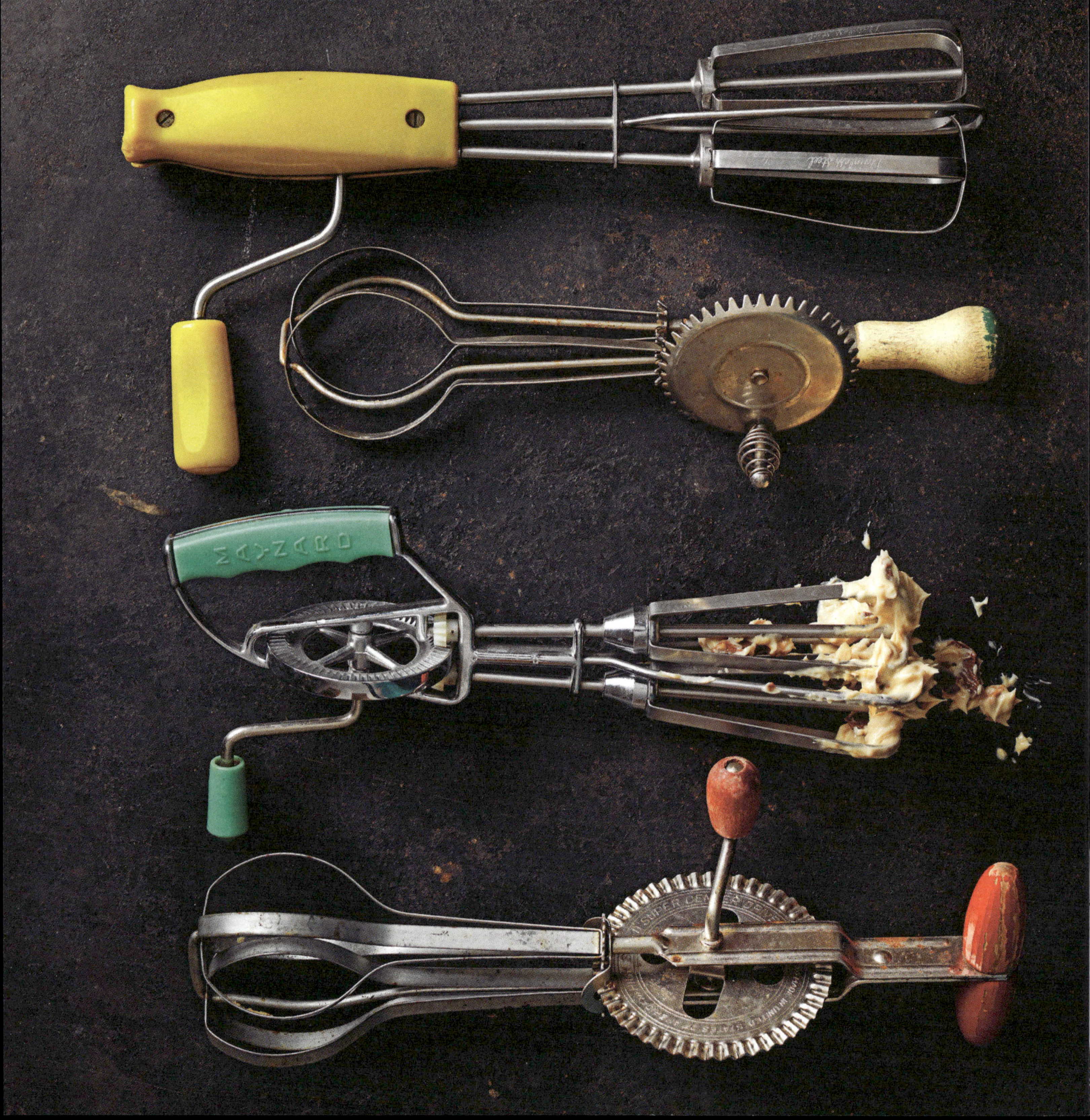
MAYNARD

CHEESECAKE & SCHOKOKUCHEN

55 unwiderstehliche Rezepte für Naschkatzen

LENA SÖDERSTRÖM
FOTOGRAFIE: EVA HILDÉN

CHRISTIAN

Impressum
Verantwortlich: Sonya Mayer
Produktmanagement: Stefanie Gückstock
Übersetzung aus dem Schwedischen: Vera Bahlk
Redaktion: Constanze Lüdicke
Satz: Leeloo Molnár
Korrektorat: Judith Bingel
Umschlaggestaltung: Leeloo Molnár
Herstellung: Anna Katavic
Printed in Slovenia

★★★★★

Sind Sie mit diesem Titel zufrieden? Dann würden wir uns über Ihre Weiterempfehlung freuen. Erzählen Sie es im Freundeskreis, berichten Sie Ihrem Buchhändler oder bewerten Sie bei Onlinekauf. Und wenn Sie Kritik, Korrekturen, Aktualisierungen haben, freuen wir uns über Ihre Nachricht an: Christian Verlag Postfach 40 02 09 D-80702 München
oder per E-Mail an lektorat@verlagshaus.de

Unser komplettes Programm finden Sie unter
www.christian-verlag.de

In diesem Buch wird aus Gründen der besseren Lesbarkeit das generische Maskulinum verwendet. Weibliche und anderweitige Geschlechteridentitäten werden dabei ausdrücklich mitgemeint, soweit es für die Aussage erforderlich ist.

Die Deutsche Nationalbibliothek verzeichnet diese Publikation in der Deutschen Nationalbibliografie; detaillierte bibliografische Daten sind im Internet über http://dnb.d-nb.de abrufbar.

Titel der schwedischen Originalausgabe:
Cheesecakes och Kladdkakor

Published by Christian Verlag GmbH in the German language
by agreement with Bonnier Rights, Stockholm, Sweden.

ISBN 978-3-95961-392-7

»Herrlich schokoladig und saftig, cremig und fruchtig – in unwiderstehlicher Kombination.«

»Cheesecake oder Schokokuchen?«, fragte Anneli, meine Verlegerin beim Verlag Semic, als wir Ideen für mein neues Buch besprachen.

Ich bat um ein paar Tage Bedenkzeit und begann zu überlegen.

»Oft ist das Einfache das Gute«, dachte ich zuerst. Und gibt es etwas, das einfacher zu backen ist als ein Schokokuchen? Bei uns hier in Schweden so herrlich saftig wie Brownies. Aber dann dachte ich, wenn man sich nach Creme und Kuchen in einer köstlichen Kombination sehnt, gibt es dann etwas Besseres als Cheesecake?

So entstand die Idee zu diesem Buch, das Sie jetzt in der Hand halten. Prall gefüllt mit Schokokuchen und Cheesecakes.

Einen ganzen Sommer lang wurden die Rezepte getestet. Familie, Freunde und meine Fotografin Eva erklärten sich – nicht ohne Vergnügen – bereit dazu und probierten und bewerteten, was ihnen zum Kaffee, nach dem Grillabend oder auf dem Mittsommerbüfett gereicht wurde.

Schokokuchen, weiße Schokokuchen, Schokotorten, tiefgefrorene Cheesecakes, Cheesecake mit Früchten und Beeren und viele trendige salzig-süße Varianten mit Nuss-Nougat-Creme, amerikanischen Süßigkeiten und Erdnussbutter – alle kamen gut an. Die Cheesecake-Eiswaffeln mit Blattgold, der Cheesecake-Dip und die Schokotorten waren echte kulinarische Erlebnisse.

Ich hoffe, Sie finden in diesem Buch Ihre eigenen Favoriten – für Ihre Gäste und zum Selbstgenießen. Und zu guter Letzt hoffe ich, dass Sie mir auf Instagram folgen möchten!

Lena Söderström
@tastybylenasoderstrom

SCHOKOLADENTARTE MIT MASCARPONE-FÜLLUNG

ERGIBT 6–8 STÜCKE

Für den Boden

300 g dunkle Chocolate Chip Cookies
50 g Mandelblättchen
100 g Butter, geschmolzen

Für die Füllung

100 g flüssige Sahne
300 g gehackte weiße Schokolade
300 g Mascarpone

Zum Garnieren

50 g weiße Schokotropfen
essbare Blüten
Puderzucker

Für den Boden die Kekse in kleinere Stücke zerbrechen. Zusammen mit den Mandelblättchen in der Küchenmaschine zerkleinern und mit der geschmolzenen Butter vermengen. Die Masse auf dem Boden einer Springform (Ø 22 cm) verteilen, mit einem Löffel festdrücken und bis zur weiteren Verwendung kalt stellen. ★ Für die Füllung die Sahne in einem kleinen beschichteten Topf erhitzen. Den Topf vom Herd nehmen und die Schokolade in der heißen Sahne unter Rühren schmelzen. ★ Die Schokosahne zunächst abkühlen, aber nicht fest werden lassen, dann mit dem Mascarpone in einer Schüssel verrühren und auf dem Kuchenboden verteilen. Die Tarte für mindestens 4–5 Stunden, am besten über Nacht, kalt stellen. ★ Vor dem Servieren mit den Schokotropfen, Blüten (z. B. Rosenblätter) und gesiebtem Puderzucker garnieren.

TIPP: *Die Schokotropfen zum Garnieren können durch gehobelte Schokolade ersetzt werden. Dazu eine Tafel Schokolade mit der Handfläche erwärmen (dann wird es einfacher) und mit einem Käsehobel kleine Streifen abhobeln.*

AMERICAN CLASSIC CHEESECAKE

ERGIBT 8–10 STÜCKE

Für den Boden
300 g Vollkornkekse
100 g Butter, geschmolzen

Für die Füllung
600 g Frischkäse
130 g Zucker
½ TL Vanillepulver
Abrieb von 1 unbehandelten Zitrone
200 g Crème fraîche
3 Eier (Größe M)

Zum Garnieren
1 Blatt Gelatine
1 EL frisch gepresster Zitronensaft
200 g Crème fraîche
1 Msp. Vanillepulver
frische Beeren
Minzeblätter

Den Backofen auf 175 °C (Ober-/Unterhitze) vorheizen. ★ Für den Boden die Kekse in der Küchenmaschine zerkleinern und mit der geschmolzenen Butter vermengen. Die Masse auf dem Boden einer Springform (Ø 20 cm) verteilen und festdrücken. Auf mittlerer Schiene etwa 15 Minuten backen. Anschließend abkühlen lassen. ★ Den Rand der abgekühlten Form mit einem Streifen Backpapier abdecken. ★ Für die Füllung den Frischkäse und den Zucker in einer Schüssel verrühren. Das Vanillepulver und die Zitronenschale unterrühren. Anschließend die Crème fraîche unterheben und die Eier nacheinander einrühren. Die Füllung auf dem abgekühlten Kuchenboden verteilen und den Cheesecake auf einer unteren Schiene mindestens 40–50 Minuten backen, bis die Füllung fest geworden ist. Vor dem Garnieren abkühlen lassen. ★ Für die Garnitur die Gelatine 5 Minuten in kaltem Wasser einweichen, ausdrücken und im Zitronensaft bei niedriger Temperatur in einem kleinen Topf auflösen. Den Topf vom Herd nehmen und die Crème fraîche unterheben. Das Vanillepulver unterrühren und die Mischung auf dem Cheesecake verteilen. Den Kuchen für 2–3 Stunden kalt stellen. ★ Vor dem Servieren mit Beeren und Minzeblättern garnieren.

WEISSER BONBON-SCHOKOKUCHEN

ERGIBT 8–10 STÜCKE

Für den Teig

150 g Butter
200 g weiße Schokotropfen oder gehackte weiße Schokolade
3 Eier (Größe M)
180 g Zucker
½ TL Vanillezucker
175 g Weizenmehl (Type 405)

Für das Topping

150 g bunte Schokolinsen (z. B. M&M)
1 Erdnussbutterriegel (z. B. Snickers), gehackt
50 g Schokotropfen

Den Backofen auf 175 °C (Ober-/Unterhitze) vorheizen und eine Springform (Ø 24 cm) mit Backpapier auskleiden. ★ Für den Teig die Butter in einem Topf mit dickem Boden zerlassen. Den Topf vom Herd nehmen und die Schokolade in der heißen Butter unter Rühren schmelzen. Anschließend in eine Schüssel füllen und etwa 5 Minuten abkühlen lassen. Danach die Eier nacheinander unterrühren, dann den Zucker und den Vanillezucker. ★ Zum Schluss das Mehl unterheben und alles zu einem glatten Teig verarbeiten. Den Teig in der Form verteilen und den Kuchen zunächst 10 Minuten auf mittlerer Schiene backen. Dann mit den Topping-Zutaten bestreuen und weitere 10–15 Minuten backen, je nachdem, wie saftig der Kuchen sein soll. Vor dem Servieren in der Form abkühlen lassen.

TIPP: *Dieser leicht zu backende Kuchen ist voller Schokolade und Süßigkeiten, die ich mag, aber Sie können natürlich Ihre eigenen Favoriten auswählen.*

180 CALORIES PER SERVING!

WEISSE SCHOKO-KUCHEN-CUPCAKES

ERGIBT 10–12 CUPCAKES

Für den Teig
150 g Butter, geschmolzen
200 g weiße Schokotropfen oder gehackte weiße Schokolade
175 g Zucker
3 Eier (Größe M)
150 g Weizenmehl (Type 405)
1 TL Vanillepulver

Für das Frosting
100 g zimmerwarme Butter
90 g Puderzucker
200 g Frischkäse

Zum Garnieren
Kakaopulver
essbare Blüten (z. B. Rosenblätter)

Den Backofen auf 175 °C (Ober-/Unterhitze) vorheizen und 10–12 Papierförmchen in ein Muffinblech legen. ★ Für den Teig die Schokolade in der geschmolzenen, noch heißen Butter unter Rühren in einem Topf schmelzen. ★ Die Schokobutter mit dem Zucker in einer Schüssel mit dem Handrührgerät verrühren. Dann die Eier nacheinander einrühren. Zum Schluss das Mehl mit dem Vanillepulver mischen, unterheben und alles zu einem glatten Teig verarbeiten. ★ Die Papierförmchen zu ⅔ mit dem Teig füllen und die Cupcakes auf mittlerer Schiene etwa 12 Minuten backen. Anschließend abkühlen lassen. ★ Für das Frosting die Butter mit dem Handrührgerät schaumig aufschlagen und den gesiebten Puderzucker einrühren. Den Frischkäse zufügen und alles cremig glatt rühren. ★ Das Frosting auf die Cupcakes aufspritzen. Vor dem Servieren mit Kakaopulver und Blüten garnieren.

KLASSISCHER SCHWEDISCHER SCHOKOKUCHEN

ERGIBT 10 STÜCKE
200 g Butter
350 g Zucker
75 g Kakaopulver
+ etwas mehr zum Bestäuben
1 TL Vanillepulver
3 Eier (Größe M)
200 g Weizenmehl (Type 405)

Den Backofen auf 175 °C (Ober-/Unterhitze) vorheizen und den Boden und die Ränder einer Springform (Ø 22 cm) mit Backpapier auskleiden. ★ Die Butter in einem Topf mit dickem Boden schmelzen. Anschließend die geschmolzene Butter mit dem Zucker, dem Kakao- und dem Vanillepulver in einer Schüssel mit dem Handrührgerät verrühren. Dann die Eier nacheinander einrühren. Zum Schluss das Mehl unterheben und alles zu einem glatten Teig verarbeiten. ★ Den Teig in der Form verteilen und den Kuchen auf mittlerer Schiene 15–20 Minuten backen, je nachdem, wie saftig er sein soll. Den Kuchen vor dem Servieren abkühlen lassen und mit Kakaopulver bestäuben.

TIPP: *Dies ist ein Rezept für einen klassischen Schokokuchen. Wenn er besonders luxuriös sein soll, können Sie etwa 50 g gehackte Schokolade – dunkel, hell oder weiß – auf den Kuchenteig geben.*

NO BAKE SMOOTHIE CHEESECAKE

ERGIBT 8–10 STÜCKE

Für den Boden
300 g Vollkornkekse
100 g Butter, geschmolzen

Für die Füllung
500 g Frischkäse
120 g Puderzucker
200 g flüssige Sahne
300 g türkischer oder russischer Joghurt
350 g tiefgefrorene Beeren (z. B. Blaubeeren, Himbeeren)

Zum Garnieren
200 g türkischer oder russischer Joghurt
halb aufgetaute oder frische Beeren (z. B. Blaubeeren, Himbeeren)

Für den Boden die Kekse in der Küchenmaschine zerkleinern und mit der geschmolzenen Butter vermengen. Die Masse auf dem Boden und den Rändern einer viereckigen Tarteform (etwa 20 x 30 cm) verteilen, festdrücken und bis zur weiteren Verwendung tiefkühlen. ★ Für die Füllung den Frischkäse in einer Schüssel mit dem Handrührgerät glatt rühren. Den Puderzucker, die Sahne und den Joghurt einrühren. Zum Schluss die Beeren unterheben. ★ Die Füllung auf dem Kuchenboden verteilen und den Cheesecake für mindestens 4–5 Stunden, am besten über Nacht, tiefkühlen. Etwa 40–50 Minuten vor dem Servieren aus dem Gefrierschrank nehmen. Zum Anrichten den Joghurt auf dem Kuchen verteilen und mit Beeren garnieren.

TIPP: *Dieser Cheesecake eignet sich auch für die Zubereitung in einer rechteckigen Kastenform oder einer kleinen Fettpfanne.*

HIMBEER-SCHOKO-KUCHEN MIT SAHNE UND HIMBEERPUDER

ERGIBT 8–10 STÜCKE

Für den Teig
150 g Butter
250 g Zucker
75 g Kakaopulver
1 TL Vanillepulver
2 Eier (Größe M)
120 g Weizenmehl (Type 405)
125 g tiefgefrorene Himbeeren

Zum Garnieren
200 g flüssige Sahne
1 EL Himbeerpulver

Den Backofen auf 175 °C (Ober-/Unterhitze) vorheizen und den Boden und die Ränder einer Springform (Ø 22 cm) mit Backpapier auskleiden. ★ Die Butter in einem Topf mit dickem Boden schmelzen. Anschließend die geschmolzene Butter mit dem Zucker, dem Kakao- und dem Vanillepulver in einer Schüssel mit dem Handrührgerät vermengen. Dann die Eier nacheinander einrühren. ★ Zum Schluss das Mehl unterheben und alles zu einem glatten Teig verarbeiten. Den Teig in der Form verteilen und mit den Himbeeren bestreuen. ★ Den Kuchen auf mittlerer Schiene 15–20 Minuten backen, je nachdem, wie saftig er sein soll. ★ Für die Garnitur die Sahne steif schlagen, diese auf dem abgekühlten Kuchen verteilen und das Himbeerpulver darübersieben.

KOKOS-SCHOKOKUCHEN

ERGIBT 8 STÜCKE

Für den Teig

150 g Butter
100 g gehackte dunkle Schokolade
3 EL Espresso
130 g Zucker
75 g Muscovado-Zucker
3 Eier (Größe M)
50 g Kakaopulver
150 g Weizenmehl (Type 405)
1 Msp. Salz
1 TL Vanillepulver

Für die Glasur

25 g Butter
100 g flüssige Sahne
150 g dunkle Schokotropfen oder gehackte dunkle Schokolade

Zum Garnieren

Kokosflocken

Den Backofen auf 175 °C (Ober-/Unterhitze) vorheizen und eine Springform (Ø 22 cm) mit Backpapier auskleiden. ★ Die Butter in einem Topf mit dickem Boden zerlassen. Den Topf vom Herd nehmen und die Schokolade in der heißen Butter unter Rühren schmelzen. Die Schokobutter anschließend mit dem Espresso, dem Zucker und Muscovado-Zucker in einer Schüssel verrühren. Dann die Eier nacheinander einrühren. Zum Schluss den Kakao, das Mehl, das Salz und das Vanillepulver vermischen, unterheben und alles zu einem glatten Teig verarbeiten. ★ Den Teig in der Form verteilen und den Kuchen auf mittlerer Schiene 22–27 Minuten backen, je nachdem, wie saftig er sein soll. Anschließend abkühlen lassen und aus der Form lösen. ★ Für die Glasur die Butter und die Sahne unter Rühren in einem kleinen beschichteten Topf erhitzen, bis die Butter schmilzt. Den Topf vom Herd nehmen und die Schokolade darin unter Rühren schmelzen. ★ Den Kuchen mit etwas Glasur bestreichen und dekorativ mit Kokosflocken bestreuen. ★ Vor dem Servieren etwa 1 Stunde abkühlen lassen.

TIPP: *Wenn Sie den Kuchen schneiden, bevor Sie die Glasur und die Kokosflocken darauf verteilen, können Sie besonders schöne Stücke servieren.*

GOLDBESTÄUBTES KUCHENKONFEKT

ERGIBT 12 STÜCKE
1 Schokokuchen (siehe Rezept Seite 14)

Für die Creme
200 g Frischkäse
150 g Mascarpone
60 g Puderzucker
½ TL Vanillepulver

Zum Garnieren
essbares Goldpulver

Aus dem abgekühlten Schokokuchen runde Stücke mit jeweils einem Durchmesser von 5–7 cm ausstechen. Für die Creme den Frischkäse und den Mascarpone verrühren. Dann den Puderzucker und das Vanillepulver unterrühren. Die Creme auf die Kuchenstücke aufspritzen. Anschließend für etwa 1 Stunde kalt stellen. Vor dem Servieren mit etwas Goldpulver bestäuben.

TIPP: *Essbares Goldpulver wird in gut sortierten Onlineshops verkauft. Sie können auch Silberpulver kaufen oder Pastellfarben wählen.*

WEISSER SCHOKOKUCHEN MIT LIMETTEN-FROSTING

ERGIBT 8 STÜCKE

Für den Teig
150 g Butter
200 g gehackte weiße Schokolade
175 g Zucker
3 Eier (Größe M)
150 g Weizenmehl (Type 405)
1 TL Vanillepulver
Abrieb von 1 unbehandelten Zitrone

Für das Frosting
200 g gesüßte Kondensmilch
frisch gepresster Saft von 2 Limetten

Zum Garnieren
frische Himbeeren

Den Backofen auf 175 °C (Ober-/Unterhitze) vorheizen und eine herzförmige Kuchenform oder runde Springform (Ø 22 cm) mit Backpapier auskleiden. ★ Für den Teig die Butter in einem Topf mit dickem Boden zerlassen. Den Topf vom Herd nehmen und die Schokolade in der heißen Butter unter Rühren schmelzen. Anschließend mit dem Zucker in einer Schüssel mit dem Handrührgerät verrühren. Dann die Eier nacheinander einrühren. Zum Schluss das Mehl mit dem Vanillepulver und der Zitronenschale mischen, unterheben und alles zu einem glatten Teig verarbeiten. ★ Den Teig in der Form verteilen und den Kuchen auf einer unteren Schiene etwa 25 Minuten backen und in der Form abkühlen lassen. ★ Für das Frosting die Kondensmilch und den Limettensaft verrühren und alles auf dem Kuchen verteilen. Vor dem Servieren mit Himbeeren garnieren.

TIPP: *Unglaublich, aber wahr: Die Kondensmilch wird beim Vermischen mit Limettensaft zu einer Creme.*

APFEL-CHEESECAKE IM GLAS

ERGIBT 4–5 PORTIONEN

Für den Boden
300 g Vollkornkekse
100 g Butter, geschmolzen

Für die Füllung
7–8 Äpfel
3 EL Butter
3 EL Puderzucker
1 EL Vanillezucker oder gemahlener Zimt

Für das Topping
250 g Frischkäse
60 g Puderzucker
3–4 EL flüssige Sahne

Für den Boden die Kekse in der Küchenmaschine zerkleinern und mit der geschmolzenen Butter vermengen. Etwa 1 EL der Masse zum Garnieren beiseitestellen, den Rest in 4–5 Gläsern verteilen und festdrücken. Anschließend für etwa 30 Minuten kalt stellen. ★ Für die Füllung die Äpfel waschen, entkernen und klein schneiden. Die Stücke etwa 5 Minuten in der Butter weich garen. Mit dem Zucker und dem Vanillezucker bestreuen und etwa 1 Minute karamellisieren lassen. Anschließend 10 Minuten abkühlen lassen. Dann auf dem Kuchenboden in den Gläsern verteilen. ★ Für das Topping den Frischkäse in einer Schüssel mit dem Handrührgerät aufschlagen. Den Puderzucker hineinsieben und unterheben. Zum Schluss die Sahne unterrühren. ★
Das Topping dekorativ auf die Apfelfüllung aufspritzen. Vor dem Servieren mit den beiseitegestellten Keks-Butter-Krümeln garnieren.

TIPP: *Heben Sie Gläser z. B. von gekaufter Marmelade auf, sie eignen sich perfekt zum Servieren von Desserts. Außerdem ist es umweltfreundlich, Dinge wiederzuverwenden.*

27

NUSS-NOUGAT-CREME-ERDNUSS-CHEESECAKE

ERGIBT 8 STÜCKE

Für den Boden

400 g Chocolate Chip Cookies
125 g Butter, geschmolzen

Für die Füllung

600 g Frischkäse
150 g gesüßte Kondensmilch
175 g Erdnussbutter
175 g Nuss-Nougat-Creme (z. B. Nutella)
150 g flüssige Sahne

Für das Topping

10–15 g fertiges Popcorn
45 g Bananenchips
35 g geröstete Kokoschips
100 ml Schokosauce, Fertigprodukt oder selbst gemacht (siehe Rezept Seite 30)
100 ml Karamellsauce, Fertigprodukt oder selbst gemacht (siehe Rezept Seite 30)

Für den Boden die Kekse in kleinere Stücke brechen, in der Küchenmaschine zerkleinern und mit der geschmolzenen Butter vermengen. ★ Die Masse auf dem Boden einer Springform (Ø 20 cm) verteilen, festdrücken und für etwa 30 Minuten kalt stellen. ★ Für die Füllung den Frischkäse, die Kondensmilch, die Erdnussbutter und die Nuss-Nougat-Creme in einer Schüssel mit dem Handrührgerät verrühren. Anschließend die Sahne untermischen und die Füllung auf dem Kuchenboden verteilen. ★ Den Cheesecake mit Frischhaltefolie abdecken und für etwa 1 ½ Stunden tiefkühlen. ★ Für das Topping das Popcorn, die Bananen- und Kokoschips vermengen. ★ Den erkalteten Cheesecake aus der Form nehmen. Vor dem Servieren erst mit der Schokoladensauce übergießen, dann mit der Popcorn-Mischung bedecken und zum Schluss mit der Karamellsauce beträufeln.

TIPP: *Dieser Cheesecake ist etwas für alle, die süß und salzig mögen.*

KARAMELLSAUCE

ERGIBT ETWA 100 ML
100 g flüssige Sahne
1 ½ EL Zucker
1 EL Karamellsirup
1 TL zimmerwarme Butter

Die Sahne, den Zucker und den Sirup in einem Topf vermengen. Die Mischung unter ständigem Rühren aufkochen. Dann etwa 10 Minuten bei relativ hoher Temperatur ohne Deckel köcheln lassen, bis die Sauce dickflüssig und hellbraun ist. ★ Den Topf vom Herd nehmen und die Butter einrühren. Die Sauce vor dem Servieren abkühlen lassen.

SCHOKOSAUCE

ERGIBT ETWA 100 ML
1 ½ EL Butter
75 g flüssige Sahne
100 g dunkle Schokotropfen

Die Butter und die Sahne in einem kleinen Topf aufkochen. Den Topf vom Herd nehmen und die Schokotropfen in der heißen Mischung unter Rühren schmelzen. Die Sauce vor dem Servieren abkühlen lassen.

TIPP: *Verstärken Sie den süßen Geschmack der Saucen mit etwas Salz. Zerbröckeln Sie einfach nach dem Erkalten einige Salzflocken in die Saucen.*

EINFACHE WEISSE SCHOKOMUFFINS

ERGIBT 12 MUFFINS

Für den Teig

150 g Butter
200 g gehackte weiße Schokolade
120 g Zucker
3 Eier (Größe M)
150 g Weizenmehl (Type 405)

Zum Garnieren

Puderzucker

Den Backofen auf 175 °C (Ober-/Unterhitze) vorheizen und 12 Papierförmchen in ein Muffinblech legen. ★ Für den Teig die Butter in einem Topf mit dickem Boden erhitzen, bis sie hellbraun ist. ★ Den Topf vom Herd nehmen und die Schokolade in der heißen Butter unter Rühren schmelzen. Danach mit dem Zucker in einer Schüssel mit dem Handrührgerät verrühren. Dann die Eier nacheinander einrühren. Zum Schluss das Mehl unterheben und alles zu einem glatten Teig verarbeiten. ★ Die Papierförmchen zu ⅔ mit dem Teig füllen und die Muffins auf mittlerer Schiene etwa 12 Minuten backen. Anschließend abkühlen lassen. Vor dem Servieren mit etwas Puderzucker bestäuben.

TIPP: *Dank der gebräunten Butter bekommen diese Muffins einen leicht nussigen Geschmack. Genießen Sie sie pur oder geben Sie kurz vor dem Servieren eine Kugel Eis auf jeden Muffin.*

FROZEN BERRIES CHEESECAKE

ERGIBT 8 STÜCKE

Für den Boden
250 g Vollkornkekse
75 g Butter, geschmolzen

Für die Füllung
500–600 g frische oder aufgetaute Brombeeren oder 250 g Brombeeren + 250 g Himbeeren
60 g Puderzucker
500 g Frischkäse
200 g flüssige Sahne
400 g gesüßte Kondensmilch
frisch gepresster Saft von 1 Zitrone
4 Blatt Gelatine

Zum Toppen
frische oder tiefgefrorene Beeren (z. B. Himbeeren, Blaubeeren, Kirschen)
Himbeerpulver

Für den Boden die Kekse in der Küchenmaschine zerkleinern und mit der geschmolzenen Butter vermengen. Die Masse auf dem Boden einer Springform (Ø 20 cm) verteilen, festdrücken und bis zur weiteren Verwendung tiefkühlen. ★ Für die Füllung die Beeren und den Puderzucker zu einem Püree mixen und durch ein feinmaschiges Sieb passieren. ★ Den Frischkäse in einer großen Schüssel mit dem Handrührgerät glatt rühren. Dann mit der Sahne zu einer cremigen Masse verrühren. ★ Die Kondensmilch mit dem Zitronensaft vermischen und mit der Frischkäsemasse vermengen. Zum Schluss die passierten Beeren untermischen. Die Füllung abgedeckt stehen lassen, bis sie Zimmertemperatur hat. ★ Die Gelatine 5 Minuten in kaltem Wasser einweichen, ausdrücken und bei niedriger Temperatur in einem kleinen Topf auflösen. Den Topf vom Herd nehmen und etwa 200 ml der Frischkäse-Beeren-Masse untermischen. Diese Mischung unter den Rest der Frischkäsemasse in der Schüssel rühren und alles auf dem Kuchenboden verteilen. ★ Den Kuchen mit Frischhaltefolie abdecken und über Nacht tiefkühlen. ★ Den Cheesecake etwa 1 ½ Stunden vor dem Servieren aus dem Gefrierschrank nehmen und aus der Form lösen. Als Topping mit Beeren und dem Himbeerpulver garnieren.

HIMBEER-CHEESECAKE À LA TIRAMISU

ERGIBT 6–8 STÜCKE

Für die Füllung
250 g frische Himbeeren
90 g Puderzucker
200 g Frischkäse
150 g flüssige Sahne

Für den Boden
20–24 Löffelbiskuits
150 ml Himbeer- oder Orangenlikör

Zum Garnieren
125 g frische Himbeeren
essbare Blüten oder Blütenblätter

Für die Füllung die frischen Himbeeren mit 3 EL Puderzucker in einer Schüssel mit einer Gabel zerdrücken. ★ Den Frischkäse in eine Schüssel geben, den Rest des Puderzuckers darübersieben und alles mit dem Handrührgerät aufschlagen. Zum Schluss mit der Sahne zu einer Creme verrühren. ★ Für den Boden 10–12 Löffelbiskuits teilen und den Rand einer Springform (Ø 22 cm) damit auskleiden, die Biskuithälften dabei aufgestellt aneinanderreihen. Die übrigen Biskuits so in die Form legen, dass sie den Boden bedecken, und mit dem Likör beträufeln. ★ Erst die zerdrückten Himbeeren darüber verteilen, dann mit der Creme bestreichen. ★ Vor dem Servieren mit den Himbeeren und essbaren Blüten garnieren.

TIPP: *Welch wunderbare Tiramisu-Variante: ein Cheesecake mit Löffelbiskuits, Likör und Himbeeren!*

SCHOKOKUCHEN MIT BAISER

ERGIBT 6–8 STÜCKE

Für den Teig

150 g Butter
150 g Nuss-Nougat-Creme (z. B. Nutella)
225 g Zucker
3 Eier (Größe M)
125 g Weizenmehl (Type 405)
2 EL Kakaopulver

Für das Baiser

2 Eiweiß von sehr frischen Bio-Eiern
175 g Zucker
1 TL frisch gepresster Zitronensaft

HINWEIS: *Wegen der rohen Eier ist dieser Kuchen für Kinder, Schwangere, Ältere und Personen mit geschwächtem Immunsystem nicht geeignet.*

Den Backofen auf 175 °C (Ober-/Unterhitze) vorheizen und eine Springform (Ø 22 cm) mit Backpapier auskleiden. ★ Für den Teig die Butter in einem Topf mit dickem Boden zerlassen. Den Topf vom Herd nehmen, die Nuss-Nougat-Creme und den Zucker in der heißen Butter unter Rühren schmelzen. Die Mischung in eine Schüssel gießen und die Eier nacheinander einrühren. Zum Schluss das Mehl und den Kakao unterheben und alles zu einem glatten Teig verarbeiten. Den Teig in der Form verteilen und den Kuchen auf mittlerer Schiene 25–30 Minuten backen, je nachdem, wie saftig er sein soll. Anschließend abkühlen lassen. ★ Für das Baiser das Eiweiß steif schlagen, die Hälfte des Zuckers dazugeben und schlagen, bis die Masse glänzt. Den Rest des Zuckers in zwei Portionen nacheinander unterrühren und etwa 1 Minute weiterschlagen. Zum Schluss den Zitronensaft unterziehen. ★ Die Masse auf dem Kuchen verteilen. Vor dem Servieren das Baiser mit einem Crème-brûlée-Brenner abflämmen, bis es eine goldene Farbe hat. Dabei die Flamme die ganze Zeit in Bewegung halten, damit die Farbe gleichmäßig wird.

TIPP: *Alternativ zum Abflämmen können Sie das Grillelement des Backofens auf 200 °C (Ober-/Unterhitze) stellen und den Kuchen 5 Minuten bei geöffneter Ofentür auf die mittlere Schiene stellen, bis das Baiser eine schöne Farbe hat. Achten Sie darauf, dass es nicht verbrennt.*

SCHOKOKUCHEN-TRÜFFEL

ERGIBT ETWA 20 TRÜFFEL

1 Schokokuchen (siehe Rezept Seite 14), lauwarm abgekühlt

Für die Glasur

200 g dunkle Schokolade

Zum Garnieren

60 g fein gehackte, geröstete Nüsse (z. B. Haselnuss- oder gesalzene Erdnusskerne)

Den Schokokuchen in der Küchenmaschine zerkleinern und zu einer Rolle formen. Die Rolle in etwa 20 gleich große Stücke teilen und diese zu Kugeln rollen. Die Trüffel für 2–3 Stunden kalt stellen. ★ Für die Glasur die Schokolade schmelzen. Ein Tablett mit Backpapier bedecken. ★ Die Trüffel mit einer Gabel oder einem Zahnstocher nacheinander in die geschmolzene Schokolade tauchen und auf das Tablett legen.

Zum Garnieren die Trüffel in den Nüssen wenden und kühl aufbewahren.

TIPP: *Die Schokokuchen-Trüffel schmecken am besten bei Zimmertemperatur, wenn sie wunderbar saftig und weich sind. Sie können auch als Cake-Pops serviert werden!*

GLASIERTER KICHERERBSEN-SCHOKOKUCHEN

ERGIBT 8 STÜCKE

Für den Teig

200 g dunkle Schokotropfen oder gehackte dunkle Schokolade
400 g Kichererbsen (Dose)
150 g zimmerwarme Butter
150 g Puderzucker
3 Eier (Größe M)
70 g Mandelmehl

Für die Glasur

1 ½ EL Butter
100 g flüssige Sahne
150 g dunkle Schokotropfen oder gehackte dunkle Schokolade

Zum Garnieren

50 g geröstete und gesalzene Erdnusskerne
Salzflocken

Den Backofen auf 175 °C (Ober-/Unterhitze) vorheizen und eine Springform (Ø 22 cm) mit Backpapier auskleiden. ★ Für den Teig die Schokolade schmelzen. ★ Die Kichererbsen in einem Sieb abtropfen lassen und in der Küchenmaschine mit der Butter zu einer homogenen Masse vermengen. Dann den Puderzucker und die Eier nacheinander einrühren. Die geschmolzene Schokolade hineingießen und alles zu einer gleichmäßigen Masse verrühren. Zum Schluss das Mandelmehl untermischen. ★ Den Teig in der Springform verteilen und den Kuchen auf einer unteren Schiene 20–25 Minuten backen, je nachdem, wie saftig er sein soll. Anschließend abkühlen lassen. ★ Für die Glasur die Butter in einem kleinen beschichteten Topf schmelzen. Die Sahne dazugeben und unter Rühren zum Kochen bringen. Den Topf vom Herd nehmen und die Sahnemischung mit der Schokolade glatt zu einer Glasur verrühren. Die Glasur auf dem Kuchen verteilen. ★ Vor dem Servieren mit den Erdnüssen und Salzflocken bestreuen.

TIPP: *Dieser glutenfreie Kuchen hat einen kräftigen und besonders schokoladigen Geschmack. Sie können ihn statt mit Kichererbsen auch mit Bohnen backen.*

NO BAKE COOKIE CHEESECAKE

ERGIBT 6 STÜCKE

Für den Boden
300 g Vollkornkekse
100 g Butter, geschmolzen

Für die Füllung
300 g Frischkäse
150 g Mascarpone
90 g Puderzucker
150–200 g flüssige Sahne
300–400 g Doppelkekse (z. B. Oreo), zerkleinert

Zum Garnieren
10 Mini-Doppelkekse (z. B. Oreo)

Für den Boden die Kekse zerbrechen, in der Küchenmaschine zerkleinern und mit der geschmolzenen Butter vermengen. Die Mischung auf dem Boden einer Springform (Ø 20 cm) verteilen, festdrücken und bis zur weiteren Verwendung kühl stellen. ★ Für die Füllung in einer Schüssel den Frischkäse, den Mascarpone und den gesiebten Puderzucker verrühren. Dann die Sahne steif schlagen und unter die Frischkäsemasse heben. Anschließend die zerkleinerten Kekse untermischen und die Füllung auf dem Kuchenboden verteilen. ★ Vor dem Servieren mit den Mini-Doppelkeksen garnieren und sofort anrichten.

TIPP: *Dieser Cheesecake kann auf viele Arten variiert werden, z. B. mit bunten Streuseln oder Schokolinsen anstelle von Doppelkeksen. Vielleicht etwas für den nächsten Kindergeburtstag?*

WEISSER SCHOKOLADEN-CHEESECAKE MIT ÄPFELN

ERGIBT 8 STÜCKE

Für den Boden
300 g Vollkornkekse oder Chocolate Chip Cookies, zerkleinert
100 g Butter, geschmolzen

Für das Kompott
6 Äpfel
50 ml frisch gepresster Zitronensaft
65 g Zucker

Für die Füllung
600 g Frischkäse
120 g Puderzucker
400 g flüssige Sahne
150 g gehackte weiße Schokolade
5 Blatt Gelatine

Zum Garnieren
1 essbare Blüte (z. B. essbare Rosenblüte)

Für den Boden die zerkleinerten Kekse mit der geschmolzenen Butter vermengen. ⅔ der Masse auf dem Boden einer Springform (Ø 20 cm) verteilen, festdrücken und bis zur weiteren Verwendung tiefkühlen. ★ Für das Kompott die Äpfel waschen, das Kerngehäuse entfernen und in Scheiben schneiden. In einer beschichteten Pfanne mit dem Zitronensaft und dem Zucker unter Rühren aufkochen und bei niedriger Temperatur köcheln lassen, bis die Äpfel weich sind, bei Bedarf etwas Wasser hinzufügen. Anschließend abkühlen lassen. ★ Für die Füllung den Frischkäse und den Puderzucker verrühren. 300 g Sahne portionsweise einrühren und die übrige Sahne (100 g) in einem kleinen beschichteten Topf aufkochen. ★ Den Topf vom Herd nehmen, die Schokolade in der heißen Sahne unter Rühren schmelzen und in die Frischkäsemasse rühren. ★ Die Gelatine 5–8 Minuten in kaltem Wasser einweichen, ausdrücken und bei niedriger Temperatur in einem kleinen beschichteten Topf auflösen. Den Topf vom Herd nehmen und etwa 200 ml der Frischkäsemasse untermischen. Diese Mischung zur übrigen Masse geben und gründlich vermengen. Zum Andicken 15–30 Minuten stehen lassen. ★ Dann die übrige Keksmasse, die Creme und das Kompott schichtweise auf dem Kuchenboden verteilen. Mit Frischhaltefolie abdecken und über Nacht tiefkühlen. ★ Etwa 1 ½ Stunden vor dem Servieren aus dem Gefrierschrank nehmen. Zum Anrichten mit der Blüte garnieren.

TIPP: *Am schönsten wird der Cheesecake, wenn Sie ihn mit roten oder rosa Äpfeln zubereiten.*

KEY LIME CHEESECAKE

ERGIBT 6 STÜCKE

Für den Boden
200 g Vollkornkekse
2 EL Muscovado-Zucker
100 g Butter, geschmolzen

Für die Füllung
400 g Kondensmilch
frisch gepresster Saft von
3 großen Limetten
(ca. 150 ml)
500 g Frischkäse
300 g flüssige Sahne
5 Blatt Gelatine

Zum Garnieren
1 Becher Crème fraîche
Limettenscheiben

Für den Boden die Kekse in der Küchenmaschine zerkleinern. ★ Den Zucker unterrühren und alles mit der geschmolzenen Butter vermengen. Die Mischung auf dem Boden und dem Rand einer Springform (Ø 22 cm) verteilen, festdrücken und bis zur weiteren Verwendung tiefkühlen. ★ Für die Füllung die Kondensmilch mit dem Limettensaft vermischen, bis die Kondensmilch eindickt. ★ Dann den Frischkäse in einer Schüssel mit dem Handrührgerät glatt rühren, die Sahne in 2–3 Portionen nacheinander zugeben und alles cremig rühren. Zum Schluss die eingedickte Kondensmilch vorsichtig unterheben. Die Füllung abgedeckt etwa 1 Stunde stehen lassen, bis sie Zimmertemperatur hat. ★ Die Gelatine 5–8 Minuten in kaltem Wasser einweichen, ausdrücken und bei niedriger Temperatur in einem kleinen beschichteten Topf auflösen. Den Topf vom Herd nehmen und etwa 200 ml der Frischkäsemasse untermischen. Diese Mischung mit der übrigen Frischkäsemasse in der Schüssel mit dem Handrührgerät vermengen und alles auf dem Kuchenboden verteilen. ★ Den Kuchen mit Frischhaltefolie abdecken und für mindestens 5–6 Stunden, am besten über Nacht, kalt stellen. ★ Etwa 1 Stunde vor dem Servieren aus dem Kühlschrank nehmen. Für die Garnitur die Crème fraîche cremig schlagen. Diese auf den Cheesecake streichen und Limettenscheiben dekorativ darauf verteilen.

BAKED BANANA CHEESECAKE

ERGIBT 8–10 STÜCKE

Für den Boden

400 g Vollkornkekse oder Chocolate Chip Cookies
150 g Butter, geschmolzen

Für die Füllung

2 Bananen
1 EL frisch gepresster Zitronensaft
60 g Kokosblütenzucker
600 g Frischkäse
180 g Zucker
1 TL Vanillepulver
1 EL Weichweizengrieß
2 Eier (Größe L)

Zum Garnieren

2 feste Bananen
ca. 90 g Zucker

Den Backofen auf 175 °C (Ober-/Unterhitze) vorheizen. ★ Für den Boden die Kekse in kleinere Stücke brechen, in der Küchenmaschine zerkleinern und mit der geschmolzenen Butter vermengen. Die Masse auf dem Boden und den Rändern einer Springform (Ø 20 cm) verteilen, festdrücken und 20 Minuten tiefkühlen. ★ Für die Füllung die Bananen schälen und grob raspeln. Dann mit dem Zitronensaft und dem Kokosblütenzucker vermengen. Den Frischkäse mit dem Zucker, dem Vanillepulver und dem Grieß gut verrühren. Die Bananen untermischen und die Eier nacheinander einrühren. Die fertige Füllung auf dem Kuchenboden verteilen und den Kuchen 60 Minuten auf einer unteren Schiene backen. Anschließend abkühlen lassen. ★ Für die Garnitur die Bananen schälen und der Länge nach in Scheiben schneiden. Auf einen Teller legen und mit dem Zucker bestreuen. Vorsichtig mit einem Crème-brûlée-Brenner karamellisieren und abkühlen lassen. Vor dem Servieren den Cheesecake mit den karamellisierten Bananenscheiben garnieren.

TIPP: *Für die Füllung kann man problemlos überreife Bananen verwenden. Für die Dekoration hingegen sollte man feste Bananen kaufen.*

FRANZÖSISCHE SCHOKOKUCHEN-MUFFINS MIT MOKKA-FROSTING

ERGIBT 12 MUFFINS

Für den Teig
150 g Butter
180 g Zucker
90 g Kokosblütenzucker
50 g Kakaopulver
1 TL Vanillepulver
2 Eier (Größe M)
90 g Weizenmehl (Type 405)
3 EL Mandelmehl

Für das Frosting
150 g zimmerwarme Butter
120 g Puderzucker
2 EL Kakaopulver
½ TL Vanillepulver
2 EL warme, flüssige Sahne
3 EL Instant-Kaffeepulver

Zum Garnieren
rote Beeren
(z. B. Johannisbeeren)

Den Backofen auf 175 °C (Ober-/Unterhitze) vorheizen und 12 Papierförmchen in ein Muffinblech legen. ★ Für den Teig die Butter in einem Topf mit dickem Boden schmelzen. Die geschmolzene Butter mit dem Zucker, dem Kokosblütenzucker, dem Kakao und dem Vanillepulver in einer Schüssel mit dem Handrührgerät vermengen. Dann die Eier nacheinander einrühren. Zum Schluss das Mehl und das Mandelmehl unterrühren und alles zu einem glatten Teig verarbeiten. ★ Die Papierförmchen zu ⅔ mit dem Teig füllen und die Muffins auf mittlerer Schiene etwa 12 Minuten backen. Anschließend abkühlen lassen. ★ Für das Frosting die Butter mit dem Handrührgerät in einer Schüssel cremig rühren. Danach den Puderzucker und das Kakaopulver hineinsieben, das Vanillepulver zugeben und alles zu einem luftigen, glatten Frosting aufschlagen. Zum Schluss die Sahne und das Kaffeepulver verrühren und die Mischung tropfenweise in die Buttermasse einrühren. Das fertige Frosting auf die Schokokuchen-Muffins aufspritzen. ★ Vor dem Servieren mit roten Beeren garnieren.

CREMIGER RHABARBER-CHEESECAKE

ERGIBT 8 STÜCKE

Für den Sirup

250 g Rhabarber
180 g Zucker

Für den Cheesecake

4 Eigelb von sehr frischen Bio-Eiern
90 g Zucker
400 g Frischkäse
400 g Sahne, geschlagen
4 Blatt Gelatine
Himbeerpulver zum Garnieren

HINWEIS: *Wegen der rohen Eier ist dieser Kuchen für Kinder, Schwangere, Ältere und Personen mit geschwächtem Immunsystem nicht geeignet.*

Für den Sirup den Rhabarber schälen und ½ Stiel in dünne Streifen schneiden. Diese für die Dekoration kalt stellen. ★ Den übrigen Rhabarber in dünne Scheiben schneiden. Diese mit dem Zucker und 1 EL Wasser unter Rühren aufkochen, bis sich der Zucker aufgelöst hat, und 10 Minuten köcheln lassen. Das Kompott in einem feinmaschigen Sieb abtropfen lassen, den Saft auffangen. Den Rhabarber abkühlen lassen. ★ Den aufgefangenen Saft aufkochen und 5–10 Minuten köcheln lassen, bis er eindickt. Anschließend abkühlen lassen und kalt stellen. ★ Für den Cheesecake das Eigelb mit dem Zucker cremig rühren. Dann den Frischkäse einrühren. Die geschlagene Sahne unter die Frischkäsemasse heben. ★ Die Gelatine 5–8 Minuten in kaltem Wasser einweichen, ausdrücken und in 1 EL Wasser bei niedriger Temperatur auflösen und unter die Frischkäse-Sahne-Masse mischen. ★ Zum Schluss den abgetropften Rhabarber unterrühren und alles in einer Kastenform (für 1,5 l) verteilen. ★ Mit Frischhaltefolie abdecken und für mindestens 4–5 Stunden kalt stellen. ★ Den Cheesecake aus der Form stürzen und die kalt gestellten Rhabarberstreifen und den Sirup darauf verteilen. Vor dem Servieren mit etwas Himbeerpulver garnieren. ★

APFEL-SCHOKOKUCHEN

ERGIBT 6 STÜCKE

Für den Teig

2 Äpfel
1 EL frisch gepresster Zitronensaft
200 g Butter
200 g weiße Schokotropfen oder gehackte weiße Schokolade
400 g Zucker
3 Eier (Größe M)
225 g Weizenmehl (Type 405)

Zum Garnieren

2–3 Äpfel
2 EL Butter
Puderzucker

Den Backofen auf 175 °C (Ober-/Unterhitze) vorheizen und eine Springform (Ø 24 cm) mit Backpapier auskleiden. ★ Für den Teig die Äpfel schälen, grob raspeln und mit dem Zitronensaft mischen. ★ Die Butter in einem Topf mit dickem Boden schmelzen. Den Topf vom Herd nehmen und die Schokolade in der heißen Butter unter Rühren schmelzen. Die Schokobutter mit dem Zucker in einer Schüssel verrühren und die Eier nacheinander einrühren. Das Mehl und die Äpfel untermischen. ★ Den Teig in der Form verteilen und etwa 10 Minuten auf mittlerer Schiene backen. ★ Für die Garnitur die Äpfel waschen, das Kerngehäuse entfernen und in Spalten schneiden. Die Spalten 3 Minuten in der Butter garen und auf dem Kuchen verteilen. Den Kuchen weitere 15–20 Minuten backen, dann in der Form abkühlen lassen. Vor dem Servieren mit Puderzucker bestäuben.

TIPP: *Servieren Sie den Schokokuchen mit Sahne oder Karamellsauce – oder beidem.*

HIMBEER-CHEESECAKE-EIS

ERGIBT ETWA 2 l

4 weiße Schokomuffins (siehe Rezept Seite 32) oder 1 Stück Schokokuchen (siehe Rezept Seite 14)
125 g frische Himbeeren oder Heidelbeeren
2 EL Zucker
2 Packungen Vanilleeis à 500 ml
300 g Frischkäse
120 g Puderzucker

Zum Garnieren

1–2 Vollkornkekse, zerkrümelt

Die Muffins bzw. den Schokokuchen in kleine Stücke schneiden. Die Beeren mit dem Zucker vermengen und alles durch ein feinmaschiges Sieb passieren. ★ Das Eis in Stücke geschnitten in eine große Schüssel geben und bei Zimmertemperatur etwa 10 Minuten stehen lassen, bis es weich ist. ★ Währenddessen den Frischkäse und den Puderzucker mit dem Handrührgerät etwa 1 Minute aufschlagen. Die passierten Beeren dazugeben und alles 1 weitere Minute verrühren. ★ Dann die Beeren-Frischkäse-Masse in die Schüssel mit dem Eis geben und alles schnell vermengen. Die Masse abwechselnd mit den Muffin- oder Kuchenstücken in eine Kastenform (30 cm bzw. für 2 l) schichten. Das Cheesecake-Eis für 4–5 Stunden, am besten über Nacht, tiefkühlen. ★ 40–60 Minuten vor dem Servieren aus dem Gefrierschrank nehmen und im Kühlschrank temperieren lassen. Vor dem Anrichten mit den zerkrümelten Vollkornkeksen garnieren und sofort servieren.

TIPP: *Genießen Sie schöne Sommertage mit kühlendem Cheesecake-Eis. Und servieren Sie es auch mal mit anderen Beeren, z. B. mit gehackten Erdbeeren.*

THIS PRODUCT IS NOT TO BE USED IN THE DISHWASHER

BLAUBEER-CHEESECAKE

ERGIBT 8 STÜCKE

Für die Füllung
250 g frische Blaubeeren
90 g Zucker
600 g Frischkäse
200 g flüssige Sahne

Für den Boden
300 g Chocolate Chip Cookies
100 g Butter, geschmolzen

Zum Garnieren
125 g frische Blaubeeren
1 Stängel frische Minze

Für die Füllung die Blaubeeren mit dem Zucker in einem kleinen beschichteten Topf vermischen und alles unter leichtem Rühren erhitzen, bis der Zucker geschmolzen ist und die Blaubeeren Saft abgeben. Die Beeren durch ein feinmaschiges Sieb passieren. Das Beerenpüree anschließend abkühlen lassen. ★ Für den Boden die Kekse in Stücke brechen, in der Küchenmaschine zerkleinern und mit der geschmolzenen Butter vermengen. Die Masse auf dem Boden einer Springform (Ø 22 cm) verteilen, festdrücken und für 15 Minuten tiefkühlen. ★ In der Zwischenzeit für die Füllung den Frischkäse in einer Rührschüssel mit dem Handrührgerät etwa 1 Minute lang cremig rühren. Die Sahne schlagen und mit dem Beerenpüree unter die Frischkäsemasse heben. Die Füllung auf dem Kuchenboden verteilen. ★ Vor dem Anrichten mit den Blaubeeren und dem Stängel Minze garnieren und sofort servieren.

RUSSISCHE MINI-CHEESECAKES MIT MANDELN

ERGIBT 6–8 MUFFINS

Für den Teig

500 g Ricotta
130 g Zucker
½ TL Vanillepulver
1 EL Weichweizengrieß
3 Eier (Größe M)

Zum Garnieren

50 g Mandelblättchen
Puderzucker

Den Backofen auf 175 °C (Ober-/Unterhitze) vorheizen und 6–8 Mulden eines Muffinblechs mit jeweils 2 Papierförmchen auskleiden oder einfetten. ★ Für den Teig den Ricotta mit den trockenen Zutaten verrühren. Anschließend die Eier nacheinander einrühren. ★ Den Teig in den Papierförmchen bzw. den eingefetteten Muffinmulden verteilen. Als Garnitur die Cheesecakes mit den Mandelblättchen bestreuen und auf einer unteren Schiene in etwa 20 Minuten durchbacken. Vor dem Servieren mit etwas Puderzucker bestäuben.

TIPP: *Die Kuchen sinken zusammen, wenn sie aus dem Ofen kommen. Sie können dann eine Kugel Vanilleeis auf jeden Muffin geben oder sie mit Crème fraîche servieren.*

CHEESECAKE-TARTE MIT SOMMERBEEREN

ERGIBT 6 STÜCKE

Für den Boden
180 g Weizenmehl (Type 405)
1 EL Zucker
150 g kalte Butter
1 kaltes Ei (Größe L)

Für die Creme
100 g flüssige Sahne
150 g gehackte weiße Schokolade
150 g Mascarpone
200 g Frischkäse
60 g Puderzucker
½ TL Vanillepulver
400–500 g frische Beeren (z. B. Erdbeeren, Himbeeren, Blaubeeren, rote Johannisbeeren)

Zum Garnieren
essbare Blüten oder Rosenblätter

Den Backofen auf 200 °C (Ober-/Unterhitze) vorheizen. ★ Für den Boden das Mehl und den Zucker mit der Butter zu einer krümeligen Masse vermengen. Diese mit dem Ei verkneten, bis eine homogene Masse entsteht. Den Teig auf dem Boden einer Tarteform (Ø 20 cm) mit niedrigem Rand verteilen und festdrücken, dabei den Teig leicht am Rand hochziehen. Die Tarteform für 30 Minuten tiefkühlen. ★ Die gekühlte Tarte auf mittlerer Schiene etwa 20 Minuten backen. Anschließend abkühlen lassen. ★ Für die Creme die Sahne in einem kleinen beschichteten Topf aufkochen. Den Topf vom Herd nehmen und die Schokolade in der heißen Sahne unter Rühren schmelzen. Anschließend abkühlen, aber nicht fest werden lassen. ★ Währenddessen den Mascarpone und den Frischkäse verrühren. Den gesiebten Puderzucker und das Vanillepulver sowie die Schokosahne einrühren. ★ Falls große Beeren verwendet werden, diese zerkleinern, kleine im Ganzen lassen, und die Hälfte der Beeren auf dem Kuchenboden verteilen, dann die Creme darauf verstreichen und mit den restlichen Beeren belegen. ★ Vor dem Servieren mit Blüten oder Blütenblättern garnieren.

TIPP: *Sie können auch 4–6 kleinere Tartelette-formen anstelle einer großen Form verwenden.*

SCHOKOKUCHEN-TORTE MIT MOKKACREME

ERGIBT 6–8 STÜCKE

Für die Creme
400 g Frischkäse
200 g Mascarpone
120 g Puderzucker
100 g flüssige Sahne
2 EL Instant-Kaffeepulver
200 g gehackte weiße Schokolade

Außerdem
2 Schokokuchen (siehe Rezept Seite 14 oder Seite 38, ohne Baiser), in Springformen (Ø 20 cm) gebacken

Zum Garnieren
Kakaopulver
dunkle Mini-Schokotropfen
1 Msp. Salzflocken

Für die Creme den Frischkäse, den Mascarpone und den gesiebten Puderzucker in einer Schüssel zu einer glatten Masse verrühren. ★ Die Sahne mit dem Kaffeepulver in einem kleinen beschichteten Topf unter Rühren aufkochen. Den Topf vom Herd nehmen, die Schokolade in der heißen Kaffeesahne unter Rühren schmelzen und alles glatt verrühren. Die abgekühlte Mischung mit der Frischkäse-Mascarpone-Masse in der Schüssel gut vermischen und alles abgedeckt für 1–2 Stunden kalt stellen. ★ Anschließend etwa die Hälfte der Creme auf einem der Schokokuchen verteilen und den zweiten daraufsetzen. Die übrige Creme dekorativ auf die Torte spritzen. Vor dem Servieren mit gesiebtem Kakaopulver, Schokotropfen und zerbröselten Salzflocken garnieren.

TIPP: *Eine leckere Torte mit herrlicher Mokkacreme und etwas Salz, das die Süße unterstreicht. Sie können die Torte auch mit Ihren Lieblingsschokokuchen variieren!*

FROZEN PASSION YOGHURT CHEESECAKE

ERGIBT 8–10 STÜCKE

Für den Boden
300 g Vollkornkekse
100 g Butter, geschmolzen

Für die Füllung
500 g Frischkäse
500 g türkischer Joghurt
300 ml Lemon- oder Maracuja-Curd
60–120 g Puderzucker
200 g flüssige Sahne
3 Blatt Gelatine

Zum Garnieren
frische Blaubeeren

Den Backofen auf 175 °C (Ober-/Unterhitze) vorheizen. ★ Den Boden einer rechteckigen Kastenform (30 cm bzw. für 2 l) mit Backpapier auskleiden. ★ Die Kekse in der Küchenmaschine zerkleinern und mit der geschmolzenen Butter vermengen. ★ Die Masse auf dem Boden der Kastenform verteilen, festdrücken und für etwa 10 Minuten tiefkühlen. Dann den Boden auf einer unteren Schiene etwa 10 Minuten backen. Anschließend abkühlen lassen. ★ Für die Füllung den Frischkäse und den Joghurt in einer Schüssel mit dem Handrührgerät verrühren. Die Hälfte des Curds hinzufügen und unterrühren. Den Puderzucker hineinsieben und alles gründlich verrühren. Zum Schluss die Sahne portionsweise einrühren. ★ Die Gelatine 5–8 Minuten in kaltem Wasser einweichen, ausdrücken und in 2 EL Wasser bei niedriger Temperatur in einem kleinen beschichteten Topf auflösen. Danach mit der Frischkäse-Joghurt-Creme gut verrühren. ★ Die Masse in drei Schichten auf den Kuchenboden streichen, dabei vom Rest des Curds (150 ml) jeweils etwas auf den Schichten verteilen. ★ Den Cheesecake mit Frischhaltefolie abdecken und für mindestens 4–5 Stunden, am besten über Nacht, tiefkühlen. ★ Etwa 1 Stunde vor dem Servieren aus dem Gefrierschrank nehmen. Den Kuchen aus der Form lösen und in Scheiben schneiden. Zum Anrichten mit Blaubeeren garnieren.

TIPP: *Wenn Sie einen klassischen, runden Cheesecake bevorzugen, können Sie eine Springform (Ø 22 cm) verwenden.*

CREMA CATALANA CHEESECAKES

ERGIBT 5–6 PORTIONEN
300 g Frischkäse
½ TL Vanillepulver
60 g Puderzucker
150 g flüssige Sahne
2 Eier (Größe M)

Zum Garnieren
180 g Zucker

Den Backofen auf 175 °C (Ober-/Unterhitze) vorheizen. ★ Den Frischkäse, das Vanillepulver und den Puderzucker verrühren. Dann die Sahne und die Eier unterrühren. ★ Die Masse in Tarteletteförmchen verteilen und die Formen auf ein Backblech stellen. ★ Die Cheesecakes etwa 15 Minuten auf mittlerer Schiene backen, bis sie gerade fest, aber innen noch etwas cremig sind. Anschließend abkühlen lassen. ★ Zum Garnieren den Zucker gleichmäßig auf der Oberfläche der Flans verteilen und mit einem Crème-brûlée-Brenner goldbraun karamellisieren. Die Flamme die ganze Zeit in Bewegung halten, damit der Zucker gleichmäßig karamellisiert.

TIPP: *Die Crema Catalana Cheesecakes haben genau wie der gleichnamige spanische Pudding einen knusprigen Zuckerspiegel. Am besten servieren Sie sie mit frischen Himbeeren.*

PFLAUMEN-CHEESECAKE MIT WEISSER SCHOKOLADE

ERGIBT 8 STÜCKE

Für den Boden
300 g Vollkornkekse, zerkrümelt
100 g Butter, geschmolzen

Für die Füllung
600 g Frischkäse
120 g Puderzucker
300 g flüssige Sahne
150 g weiße Schokotropfen oder gehackte weiße Schokolade
5 Blatt Gelatine
500–600 g Pflaumenkonfitüre

Zum Garnieren
essbare Blüten

Den Backofen auf 200 °C (Ober-/Unterhitze) vorheizen und eine Springform (Ø 22 cm) mit Backpapier auskleiden. ★ Für den Boden die Kekskrümel mit der geschmolzenen Butter vermengen. Die Masse auf dem Boden der Form verteilen, festdrücken und für etwa 10 Minuten tiefkühlen. Dann auf einer unteren Schiene etwa 10 Minuten backen. Anschließend abkühlen lassen. ★ Für die Füllung den Frischkäse und den Puderzucker in einer Schüssel mit dem Handrührgerät cremig schlagen. Die Hälfte der Sahne in 2–3 Portionen hinzufügen und alles cremig rühren. ★ Die übrige Sahne in einem kleinen beschichteten Topf aufkochen. Den Topf vom Herd nehmen, die Schokolade in der heißen Sahne unter Rühren schmelzen und in die Frischkäsemasse einrühren. ★ Die Gelatine 5–8 Minuten in kaltem Wasser einweichen, ausdrücken und bei niedriger Temperatur in einem kleinen beschichteten Topf auflösen. Den Topf vom Herd nehmen und etwa 200 ml der Frischkäsemasse untermischen. Diese Mischung mit der restlichen Creme in der Schüssel gründlich vermengen. Zum Andicken etwa 30 Minuten stehen lassen. ★ Anschließend die Hälfte der Füllung auf dem Kuchenboden verteilen, darauf die Hälfte der Konfitüre streichen, dann den Rest der Füllung und der Konfitüre darauf verteilen. Den Kuchen mit Frischhaltefolie abdecken und 4–5 Stunden tiefkühlen. Etwa 1½ Stunden vor dem Anrichten im Kühlschrank temperieren lassen. ★ Vor dem Servieren aus der Form lösen und mit den Blüten garnieren.

TIPP: *Kekse, Frischkäsecreme und süßsaure Pflaumenkonfitüre – das passt so gut zusammen!*

KIRSCH-CHEESECAKE

Den Backofen auf 200 °C (Ober-/Unterhitze) vorheizen. ★ Für den Boden die Kekse in der Küchenmaschine zerkleinern und mit der geschmolzenen Butter vermengen. Die Masse auf dem Boden und den Rändern einer Springform (Ø 24 cm) verteilen, festdrücken und für 10 Minuten tiefkühlen. ★ Anschließend auf einer unteren Schiene etwa 10 Minuten vorbacken, dann abkühlen lassen. ★ Die Backofentemperatur auf 175 °C (Ober-/Unterhitze) reduzieren. ★ Für die Füllung den Frischkäse, den Ricotta, den Zucker und die Zitronenschale in einer Schüssel verrühren. Dann die Sahne unterrühren und die Eier nacheinander einrühren. Zum Schluss den Grieß untermengen. Die fertige Füllung auf den Kuchenboden geben und die Kirschen darauf verteilen. Den Kuchen auf einer unteren Schiene etwa 30 Minuten backen, bis die Füllung fest ist und eine goldene Farbe hat. Anschließend abkühlen lassen. ★ Vor dem Servieren mit Puderzucker bestäuben.

ERGIBT 6–8 STÜCKE

Für den Boden
300 g Vollkornkekse
100 g Butter, geschmolzen

Für die Füllung
200 g Frischkäse
500 g Ricotta
130 g Zucker
Abrieb von 1 unbehandelten Zitrone
3 EL flüssige Sahne
3 Eier (Größe M)
2 EL Weichweizengrieß
200 g entsteinte tiefgefrorene Kirschen

Zum Garnieren
2 EL Puderzucker

TIPP: *Dieser Cheesecake schmeckt sowohl lauwarm als auch gekühlt. Sie können auch entsteinte frische Kirschen verwenden. Frieren Sie diese am besten dennoch zuvor ein, damit sie beim Backen nicht so viel Saft abgeben.*

ZITRONEN-CUPCAKES MIT SAHNE UND ERDBEEREN

ERGIBT 10 CUPCAKES
150 g Butter
90 g Weizenmehl (Type 405)
1 TL Vanillepulver
Abrieb von 1 unbehandelten Zitrone
2 Eier (Größe L)
225 g Zucker
3 EL frisch gepresster Zitronensaft

Zum Garnieren
200 g Sahne, geschlagen
10 frische Erdbeeren

Den Backofen auf 175 °C (Ober-/Unterhitze) vorheizen und 10 Papierförmchen in ein Muffinblech legen. ★ Die Butter schmelzen. ★ Das Mehl, das Vanillepulver und die Zitronenschale mischen. ★ Die Eier und den Zucker mit dem Handrührgerät weiß und schaumig schlagen. Dann den Zitronensaft unterrühren. Zum Schluss die geschmolzene Butter und die Mehlmischung unterheben und alles zu einem glatten Teig verarbeiten. ★ Den Teig in die Papierförmchen füllen und die Muffins etwa 15 Minuten auf mittlerer Schiene backen, je nachdem, wie saftig sie sein sollen. Anschließend abkühlen lassen. ★ Vor dem Servieren mit der geschlagenen Sahne und den Erdbeeren garnieren.

TIPP: *Saftige rote und süße Erdbeeren sind wie geschaffen für die Dekoration von Cupcakes.*

CHEESECAKE-TORTE MIT HIMBEEREN

ERGIBT 8 STÜCKE

Für den Boden
290 g Chocolate Chip Cookies, zerkleinert
100 g Butter, geschmolzen

Für die Füllung
500 g frische Himbeeren
250 g flüssige Sahne
150 g gehackte weiße Schokolade
700 g Frischkäse
120 g Puderzucker
5 Blatt Gelatine
1 EL frisch gepresster Zitronensaft

Zum Garnieren
100 g zimmerwarme Butter
60 g Puderzucker + 1 EL zum Bestäuben
200 g Frischkäse
125 g frische Himbeeren

Den Backofen auf 200 °C (Ober-/Unterhitze) vorheizen. ★ Für den Boden die Kekskrümel mit der geschmolzenen Butter vermengen. Die Masse auf dem Boden einer Springform (Ø 22 cm) verteilen und festdrücken. Auf mittlerer Schiene etwa 10 Minuten backen. Anschließend abkühlen lassen. ★ Für die Füllung die Himbeeren durch ein feinmaschiges Sieb passieren. ★ 100 g Sahne in einem kleinen beschichteten Topf aufkochen. Den Topf vom Herd nehmen und die Schokolade in der heißen Sahne unter Rühren schmelzen. Anschließend etwa 5 Minuten abkühlen lassen. ★ Den Frischkäse und den Puderzucker verrühren. Die übrige Sahne und die Schokosahne einrühren. Vom Himbeerpüree 1 EL kühl stellen und den Rest mit der Creme mischen. ★ Die Gelatine 5–8 Minuten in kaltem Wasser einweichen, ausdrücken und im Zitronensaft bei niedriger Temperatur in einem kleinen beschichteten Topf auflösen. Den Topf vom Herd nehmen und etwa 150 ml der Frischkäsecreme unterrühren. Diese Mischung zur übrigen Creme geben, alles glatt rühren und die Masse auf dem Kuchenboden verteilen. Mit Frischhaltefolie abdecken und über Nacht tiefkühlen. ★ Etwa 1 ½ Stunden vor dem Servieren aus dem Gefrierschrank nehmen und kurz vor dem Anrichten aus der Form lösen. ★ Für die Garnitur die Butter mit dem Puderzucker cremig aufschlagen und den Frischkäse unterrühren. Das kühl gestellte Himbeerpüree einrühren und die Creme dekorativ auf den Rand spritzen. Zum Schluss die Torte mit den Himbeeren garnieren und mit gesiebtem Puderzucker bestäuben.

CHEESECAKE-TUPFEN MIT BAISER UND ERDBEEREN

ERGIBT 6 PORTIONEN

Für den Sirup

250 g frische Erdbeeren, in Scheiben geschnitten
90 g Zucker
1 TL Vanillezucker

Für die Creme

200 g Frischkäse
100 g flüssige Sahne
50 g gehackte weiße Schokolade

Außerdem

etwa 120 g kleine Baisers
250 g frische Erdbeeren, halbiert
3–4 EL gehackte Pistazien

Für den Sirup die Erdbeeren, den Zucker und den Vanillezucker in einem kleinen Topf oder einer hitzebeständigen Schüssel vermischen. Mit Frischhaltefolie abdecken und etwa 30 Minuten bei niedriger Temperatur in ein Wasserbad (einen größeren Topf oder eine Bratpfanne mit heißem Wasser) stellen, bei Bedarf nach der halben Zeit mehr Wasser in das Wasserbad geben. Anschließend den entstandenen Sirup abseihen und abkühlen lassen. ★ Für die Creme den Frischkäse in einer Schüssel cremig rühren. Die Hälfte der Sahne (50 g) in einem kleinen beschichteten Topf aufkochen. Den Topf vom Herd nehmen und die Schokolade einrühren. Die Schokosahne unter den Frischkäse ziehen. Mit der übrigen Sahne (50 g) zu einer Creme verrühren. ★ Zum Servieren die Baisers und die halbierten Erdbeeren auf einem tiefen Teller anrichten. Die Creme tupfenartig dazuspritzen und den Sirup darüberträufeln. Zum Schluss alles mit den Pistazien bestreuen.

TIPP: *So sommerlich einfach und gut! Es gibt schöne Baisers in gut sortierten Lebensmittelläden zu kaufen. Sie können auch in kleine Stücke zerbrochene Baiserböden verwenden. Vom Sirup übrig gebliebene Erdbeeren können als Beilage dazuserviert werden.*

NO-BAKE-SAFRAN-CHEESECAKE MIT BEEREN

ERGIBT 8 STÜCKE

3 EL Zucker
1 Päckchen Safran (0,5 g)
300 g flüssige Sahne
200 g weiße Schokotropfen oder gehackte weiße Schokolade
600 g Frischkäse
120 g Puderzucker
4 Blatt Gelatine

Zum Garnieren

frische oder tiefgefrorene rote Beeren (z. B. Johannisbeeren, Himbeeren)

Den Zucker und den Safran in einem Mörser zerstoßen. ★ 100 g Sahne in einem beschichteten Topf aufkochen und den Safranzucker untermischen. Den Topf vom Herd nehmen, die Schokolade darin unter Rühren schmelzen und glatt verrühren. ★ Den Frischkäse und den Puderzucker in einer Schüssel mit dem Handrührgerät cremig aufschlagen. Dann die Schokosahne hinzufügen und zusammen mit der übrigen Sahne (200 g) unterrühren. ★ Die Gelatine 5–8 Minuten in kaltem Wasser einweichen, ausdrücken und in 1 EL Wasser bei niedriger Temperatur in einem kleinen beschichteten Topf auflösen. Den Topf vom Herd nehmen und etwa 200 ml der Frischkäsemasse untermischen. Diese Mischung mit der übrigen Frischkäsemasse in der Schüssel verrühren. ★ Die Creme in einer großen Puddingform (für 1,5 l; alternativ Eiscreme- oder Kastenform) verteilen, mit einem Deckel verschließen oder mit Frischhaltefolie abdecken und über Nacht tiefkühlen. ★ Die Form etwa 1 Stunde vor dem Servieren ½ Minute vorsichtig in eine Schüssel mit heißem Wasser tauchen. Den Cheesecake auf eine Platte stürzen und etwa 1 Stunde bei Zimmertemperatur antauen lassen. ★ Vor dem Servieren mit den Beeren garnieren.

ÜPPIGE SCHOKOTORTE

ERGIBT 8 STÜCKE

Für die Creme

500 g Frischkäse
60 g Puderzucker
200 g flüssige Sahne
1 EL Instant-Kaffeepulver
200 g gehackte weiße Schokolade

Für den Krokant

130 g Zucker
2–3 EL geröstete, fein gehackte Haselnusskerne

Außerdem

2 Schokokuchen (siehe Rezept Seite 14 oder Seite 38, ohne Baiser)
Schokokuchen-Trüffel (siehe Rezept Seite 40)
Kakaopulver

Für die Creme den Frischkäse mit dem Handrührgerät cremig rühren. Den Puderzucker hineinsieben und alles verrühren. ★ 100 g Sahne mit dem Kaffeepulver in einem kleinen beschichteten Topf unter Rühren aufkochen. Die Schokolade darin schmelzen, den Topf vom Herd nehmen und alles glatt rühren. Die Masse abkühlen, aber nicht fest werden lassen. ★ Die abgekühlte Schokomasse mit dem Frischkäse gut vermischen, dann die übrige Sahne (100 g) esslöffelweise einrühren. Die Creme abgedeckt für etwa 1 Stunde kalt stellen. ★ Für den Krokant ein Blech mit Backpapier auslegen. Eine kleine beschichtete Pfanne (Ø etwa 20 cm) mit hohem Rand erhitzen und den Zucker einrieseln lassen, bis er zu schmelzen beginnt, dann mit einem Löffel umrühren, bis er zu einer hellbraunen Karamellmasse zerfließt. Mit den Nüssen bestreuen und die Masse sofort in einer dünnen Schicht auf das Backpapier geben. Anschließend aushärten lassen. Den erkalteten Krokant in kleinere Stücke brechen. ★ Von der Creme etwas für den Rand beiseitestellen, die übrige Creme auf den beiden Schokokuchen verstreichen, einen Kuchen auf den anderen setzen und auf einer Tortenplatte anrichten. Die ganze Torte rundum mit der beiseitegestellten Creme bestreichen. Zum Schluss mit den Trüffeln, dem Krokant und dem Kakaopulver garnieren.

TIPP: *Sie können die Trüffel variieren, indem Sie 1/3 davon in Puderzucker und 1/3 in Kakaopulver rollen.*

CRUNCHY YOGHURT CHEESECAKE

ERGIBT 4 PORTIONEN
3–4 TL Kardamomsamen
50 g Mandelblättchen
300 g Frischkäse
200 g stichfester Joghurt
90–120 g Puderzucker

Zum Garnieren
Puderzucker
frische Sommerfrüchte
(z. B. Kirschen, Erdbeeren oder Brombeeren)

Den Kardamom zerstoßen, aber nicht zu fein. Die Mandelblättchen in einer Pfanne ohne Fett anrösten und abkühlen lassen. 2 EL zum Servieren beiseitestellen. ★ In der Zwischenzeit den Frischkäse und den Joghurt in einer Schüssel verrühren. Den Kardamom und 90 g Puderzucker einrühren, nach Bedarf mehr Puderzucker zufügen. Zum Schluss die abgekühlten Mandelblättchen, bis auf die beiseitegestellten, unterheben. Die Cheesecake-Creme auf Teller oder Dessertgläser verteilen. Vor dem Servieren mit den beiseitegestellten Mandelblättchen bestreuen und mit Früchten und Puderzucker garnieren.

TIPP: *Mit etwas grob zerstoßenem Kardamom und gerösteten Mandelkernen ist dieser Cheesecake wunderbar knusprig und außergewöhnlich lecker.*

SCHOKOKUCHEN-TRIFLE

ERGIBT 8 PORTIONEN

1 Schokokuchen (siehe Rezept Seite 14) + 2 Krokant-Schokoriegel (z. B. Daim), fein gehackt

Für den Belag

3 Clementinen
600 g frische Erdbeeren
400 g flüssige Sahne
1 TL Vanillepulver
400 g Frischkäse
130 g Puderzucker
3 EL starker, gesüßter Kaffee oder Likör (z. B. Baileys)

Zum Garnieren

1–2 Krokant-Schokoriegel (z. B. Daim), zerkleinert

Den Schokokuchen vor dem Backen mit den fein gehackten Krokant-Schokoriegeln bestreuen. Nach dem Backen abkühlen lassen und in kleine Stücke schneiden. ★ Für den Belag die Früchte vorbereiten: Die Clementinen schälen und in Scheiben schneiden, die Erdbeeren waschen und große Früchte zerkleinern. ★ Die Sahne mit dem Vanillepulver steif schlagen. Den Frischkäse und den Puderzucker in einer großen Schüssel verrühren. Dann die Vanillesahne unterheben. ★ Den Boden einer Servierschale mit Schokokuchen-Stücken belegen und mit dem Kaffee oder dem Likör beträufeln. Die Clementinenscheiben am Rand der Schale aufstellen. Die Erdbeeren auf dem Kuchenboden in der Schale verteilen, etwa ⅓ zum Garnieren beiseitestellen. Anschließend die Frischkäsecreme in die Schale füllen. Mit den beiseitegestellten Erdbeeren dekorieren. Vor dem Servieren mit 1 EL der übrigen zerkleinerten Krokant-Schokoriegel bestreuen und den Rest dazureichen.

TIPP: *Dies ist ein großartiges Dessert, das etwas hermacht, aber einfach zuzubereiten ist.*

FROZEN BAILEYS CHEESECAKE

ERGIBT 8 STÜCKE

Für den Boden
300 g Chocolate Chip Cookies
100 g Butter, geschmolzen

Für die Füllung
200 g flüssige Sahne
200 gehackte weiße Schokolade
600 g Frischkäse
120 g Puderzucker
4–5 EL Whiskey-Sahnelikör (z. B. Baileys)
5 Blatt Gelatine
3–4 EL Kakaopulver

Für das Topping
100 g Frischkäse
60 g Puderzucker
3 EL flüssige Sahne

Zum Garnieren
frische Brombeeren
50 g weiße Schokospäne
Puderzucker

Für den Boden die Kekse in Stücke brechen, in der Küchenmaschine zerkleinern und mit der geschmolzenen Butter vermengen. Die Masse auf dem Boden einer Springform (Ø 22 cm) verteilen, festdrücken und bis zur weiteren Verwendung tiefkühlen. ★ Für die Füllung 100 g Sahne in einem kleinen beschichteten Topf aufkochen. Den Topf vom Herd nehmen, die Schokolade darin unter Rühren schmelzen und alles glatt verrühren. ★ Den Frischkäse und den Puderzucker in einer Schüssel mit dem Handrührgerät cremig schlagen. Danach den Likör und die Schokosahne unterheben. Die übrige Sahne (100 g) einrühren. ★ Die Gelatine 5–8 Minuten in kaltem Wasser einweichen, ausdrücken und in 1 EL Wasser bei niedriger Temperatur in einem kleinen beschichteten Topf auflösen. Den Topf vom Herd nehmen und die Gelatine mit etwa 200 ml der Frischkäsemasse mischen. Diese Mischung mit der restlichen Frischkäsemasse in der Schüssel verrühren. ★ Die Füllung auf zwei Schüsseln aufteilen und 1 EL Kakao in die eine und 2–3 EL Kakao in die andere einrühren. ★ Die dunklere Füllung auf dem Kuchenboden verteilen, die hellere vorsichtig darüber. Den Kuchen mit Frischhaltefolie abdecken und über Nacht tiefkühlen. ★ Etwa 1 ½ Stunden vor dem Servieren aus dem Gefrierschank nehmen. ★ Für das Topping den Frischkäse und den Puderzucker verrühren. Dann die Sahne unterrühren. Das Topping auf den Kuchen geben, dabei einen Rand frei lassen. Den Rand mit den Beeren dekorieren, das Topping mit den Schokospänen bestreuen und mit Puderzucker bestäuben.

TIPP: *Es ist einfacher, Schokolade zu hobeln, wenn Sie die Tafel ein wenig in der Handfläche erwärmen. Verwenden Sie zum Hobeln einen normalen Käsehobel.*

KARAMELL-SCHOKOKUCHEN

ERGIBT 8 STÜCKE

Für den Teig

10 Schoko-Karamell-Toffees
225 g Butter
250 g Zucker
120 g Muscovado-Zucker
75 g Kakaopulver
3 Eier (Größe L)
180 g Weizenmehl (Type 405)
1 Msp. Salzflocken
1 TL Vanillepulver

Für das Frosting

200 g Frischkäse
60 g Puderzucker
50 g flüssige Sahne

Zum Garnieren

100 g Schokopuffweizen (z. B. Fazer Kina; erhältlich in Online-Shops)

Den Backofen auf 175 °C (Ober-/Unterhitze) vorheizen und eine Fettpfanne mit Backpapier auskleiden. ★ Für den Teig die Schoko-Karamell-Toffees in kleinere Stücke schneiden. Die Butter in einem Topf mit dickem Boden schmelzen. Die geschmolzene Butter mit beiden Zuckersorten und dem Kakaopulver in einer Schüssel mit dem Handrührgerät verrühren. Dann die Eier nacheinander einrühren. Zum Schluss das Mehl, das Salz und das Vanillepulver unterheben und alles zu einem glatten Teig vermengen. Den Teig in der Fettpfanne verteilen, mit den zerkleinerten Toffees bestreuen und den Kuchen auf einer unteren Schiene etwa 20 Minuten backen. Anschließend abkühlen lassen. ★ Für das Frosting den Frischkäse und den Puderzucker verrühren. Dann die Sahne unterrühren. Den Kuchen mit dem Frosting bestreichen. Vor dem Servieren mit dem Schokopuffweizen bestreuen.

TIPP: *Ein wirklich leckerer Kuchen, den Groß und Klein lieben werden.*

Ursäkta min frimodighet ...
... men jag har en invasionsstyrka med mej!
Mina herrar!

FROZEN PASSION CHOCOLATE CHEESECAKE

ERGIBT 8 STÜCKE

Für den Boden
300 g Chocolate Chip Cookies
125 g Butter, geschmolzen

Für die Füllung
200 g flüssige Sahne
200 g weiße Schokotropfen oder gehackte weiße Schokolade
400 g Frischkäse
60 g Puderzucker
500 g Crème fraîche
100 ml Maracuja-Curd ohne Kerne
4 Blatt Gelatine

Für den Sirup
250 g Maracujafruchtfleisch
100 ml Zuckersirup
90 g Zucker

Für den Boden die Kekse in Stücke brechen, in der Küchenmaschine zerkleinern und mit der geschmolzenen Butter vermengen. Die Masse auf dem Boden einer herzförmigen Kuchenform oder Springform (Ø 22 cm) verteilen, festdrücken und für 30 Minuten kalt stellen. ★ Inzwischen die Sahne in einem kleinen beschichteten Topf aufkochen. Den Topf vom Herd nehmen, die Schokolade darin unter Rühren schmelzen und alles glatt verrühren. Den Frischkäse in einer Schüssel mit dem Handrührgerät cremig aufschlagen. Mit dem Puderzucker und der Crème fraîche verrühren, den Curd und die Schokosahne unterziehen. ★ Die Gelatine 5 Minuten in kaltem Wasser einweichen, ausdrücken und in 1 EL Wasser bei niedriger Temperatur in einem kleinen beschichteten Topf auflösen. Den Topf vom Herd nehmen und die Gelatine mit 200 ml der Frischkäsemasse mischen. Diese Mischung mit der restlichen Frischkäsemasse in der Schüssel verrühren. ★ Die Füllung auf dem Kuchenboden verteilen. Den Kuchen mit Frischhaltefolie abdecken und über Nacht tiefkühlen. ★ Für den Sirup alle Zutaten mit 100 ml Wasser in einem kleinen beschichteten Topf unter Rühren aufkochen, bis sich der Zucker auflöst. Etwa 10 Minuten unter gelegentlichem Rühren köcheln lassen. Anschließend abkühlen lassen. ★ Den Cheesecake etwa 1 ½ Stunden vor dem Servieren aus dem Gefrierschrank nehmen. Vor dem Anrichten mit dem Maracujasirup übergießen.

NEW YORK BLUEBERRY CHEESECAKE

ERGIBT 8 STÜCKE

Für den Boden
300 g Vollkornkekse
100 g Butter, geschmolzen
50 g fein gehackte Mandelkerne

Für die Füllung
600 g Frischkäse
250 g Ricotta
90 g Zucker
4 EL Weichweizengrieß
1 TL Vanillepulver
feiner Abrieb von 1 unbehandelten Zitrone
3 Eier (Größe M)
100 g flüssige Sahne
200 g weiße Schokotropfen oder gehackte weiße Schokolade
250 g tiefgefrorene große Blaubeeren

Außerdem
Puderzucker
200 g Crème fraîche
frisch gepresster Saft von 1 Zitrone
4–5 EL Zucker

Den Backofen auf 175 °C (Ober-/Unterhitze) vorheizen und eine Springform (Ø 24 cm) mit Backpapier auskleiden. ★ Für den Boden die Kekse in der Küchenmaschine zerkleinern. Die Kekskrümel mit der geschmolzenen Butter und den Mandelkernen mischen. Die Masse auf dem Boden der Form verteilen, festdrücken und für 15 Minuten kalt stellen. Danach auf einer unteren Schiene 10–15 Minuten vorbacken. Herausnehmen und abkühlen lassen. ★ Die Backofentemperatur auf 200 °C (Ober-/Unterhitze) erhöhen. ★ Für die Füllung den Frischkäse und den Ricotta mit dem Handrührgerät cremig aufschlagen. Den Zucker, den Grieß, das Vanillepulver und die Zitronenschale unterrühren. Anschließend die Eier nacheinander einrühren. ★ Die Sahne in einem kleinen beschichteten Topf aufkochen. Den Topf vom Herd nehmen und die Schokolade in der heißen Sahne unter Rühren schmelzen. Danach zur Frischkäsemasse geben und verrühren. Die Füllung auf dem Kuchenboden verteilen und den Kuchen auf einer unteren Schiene etwa 40 Minuten backen, dann mit den Blaubeeren bestreuen und in weiteren etwa 20 Minuten durchbacken. Anschließend abkühlen lassen. Vor dem Servieren mit Puderzucker bestäuben. ★ Die Crème fraîche, den Zitronensaft und den Zucker verrühren, bis sich der Zucker auflöst, und diese Creme zum Cheesecake servieren.

TIPP: *Der Cheesecake wird am schönsten mit großen Amerikanischen Blaubeeren. Sie werden gefroren verwendet, damit sie beim Backen auftauen! Dann geben sie nicht so viel Saft ab wie frische Beeren.*

FROZEN ERDBEER-CHEESECAKE

ERGIBT 6 STÜCKE

Für den Boden
200 g Vollkornkekse
75 g Butter, geschmolzen

Für die Füllung
250 g frische Erdbeeren
180 g Zucker
200 g flüssige Sahne
150 g Mascarpone
400 g Frischkäse

Zum Garnieren
10 frische Erdbeeren
1 TL frisch gepresster Zitronensaft
3 EL Zucker
Minzeblätter

Den Backofen auf 175 °C (Ober-/Unterhitze) vorheizen. ★ Für den Boden die Kekse in der Küchenmaschine zerkleinern und mit der geschmolzenen Butter vermengen. ★ Die Masse auf dem Boden einer Springform (Ø 20 cm) verteilen, festdrücken und für 10 Minuten tiefkühlen. ★ Dann auf einer unteren Schiene etwa 10 Minuten backen. Anschließend abkühlen lassen. ★ Für die Füllung die Erdbeeren mit dem Zucker vermischen und grob zerdrücken. Den entstehenden Saft abseihen. ★ Die Sahne steif schlagen. ★ Den Mascarpone und den Frischkäse cremig rühren und das Erdbeerpüree gleichmäßig unterziehen. Zum Schluss die Sahne vorsichtig unterheben und die Füllung auf dem Kuchenboden verteilen. Den Kuchen mit Frischhaltefolie abdecken und über Nacht tiefkühlen. ★ Für die Garnitur die Erdbeeren halbieren und in einer Schüssel mit dem Zitronensaft und dem Zucker mischen. Die Früchte etwa 1 Stunde bei Zimmertemperatur Saft ziehen lassen. ★ Den Cheesecake etwa 30–40 Minuten vor dem Servieren aus dem Gefrierschrank nehmen. Zum Anrichten mit den Erdbeeren und den Minzeblättern garnieren.

TIPP: *Der Saft aus dem Erdbeerpüree wird mit Wasser verdünnt zum Getränk.*

CHEESECAKE-TARTELETTES MIT HIMBEEREN

ERGIBT 5–6 TARTELETTES

Für den Boden
300 g Vollkornkekse
100 g Butter, geschmolzen

Für die Füllung
250 g frische Himbeeren
4 EL Zucker
200 g flüssige Sahne
250 g gehackte weiße Schokolade
500 g Frischkäse
250 g Mascarpone
1 Eigelb
4 Blatt Gelatine

Zum Garnieren
125 g frische Himbeeren
2–3 EL Puderzucker

TIPP: *Genießen Sie frische Sommerhimbeeren während der Saison oder verwenden Sie die etwas dunkleren Herbsthimbeeren.*

Den Backofen auf 175 °C (Ober-/Unterhitze) vorheizen. ★ Für den Boden die Kekse in der Küchenmaschine zerkleinern und mit der geschmolzenen Butter vermengen. Die Masse auf dem Boden und den Seiten von 5–6 Tartelettefömchen (etwa Ø 10 cm) mit abnehmbarem Boden verteilen, festdrücken und für 15 Minuten tiefkühlen. ★ Dann auf mittlerer Schiene etwa 10 Minuten backen. Anschließend abkühlen lassen. ★ Für die Füllung die Himbeeren mit dem Zucker vermengen, mixen und durch ein feinmaschiges Sieb passieren. Die Sahne in einem beschichteten Topf aufkochen. Den Topf vom Herd nehmen und die Schokolade in der heißen Sahne unter Rühren schmelzen. Die Masse abkühlen, aber nicht fest werden lassen. ★ Den Frischkäse und den Mascarpone in einer großen Schüssel mit dem Handrührgerät cremig schlagen. Nacheinander die Schokosahne, die Himbeeren und das Eigelb unterrühren. ★ Die Gelatine 5–8 Minuten in kaltem Wasser einweichen, ausdrücken und in 1 EL Wasser bei niedriger Temperatur in einem kleinen beschichteten Topf auflösen. ★ Den Topf vom Herd nehmen und die Gelatine mit etwa 200 ml der Frischkäsemasse mischen. Diese Mischung mit der übrigen Frischkäsemasse in der Schüssel gut verrühren und alles in die Förmchen füllen. ★ Die Tartelettes 4–5 Stunden im Kühlschrank fest werden lassen. ★ Vor dem Servieren mit Himbeeren und Puderzucker garnieren.

HIMBEER-CHEESECAKE À LA CHARLOTTE RUSSE

ERGIBT 8 STÜCKE
2 mit Konfitüre gefüllte Biskuitrollen, Fertigprodukt oder selbst gebacken

Für die Füllung
ca. 400 g frische oder aufgetaute Himbeeren
400 g Frischkäse
60 g Puderzucker
250 g flüssige Sahne
100 g gehackte weiße Schokolade
4 Blatt Gelatine

Zum Garnieren
frische rote Beeren (z. B. Johannisbeeren)
2–3 EL Puderzucker

Eine runde Schüssel (etwa 2 l Fassungsvermögen) mit Frischhaltefolie auskleiden. Die Biskuitrollen in etwa 1 cm dicke Scheiben schneiden und die Schüssel damit auskleiden. ★ Für die Füllung die Himbeeren pürieren und durch ein feinmaschiges Sieb passieren. ★ Den Frischkäse und den Puderzucker cremig rühren. 200 g Sahne in 2–3 Portionen einrühren. ★ Die übrige Sahne (50 g) in einem kleinen beschichteten Topf aufkochen. Den Topf vom Herd nehmen und die Schokolade in der heißen Sahne unter Rühren schmelzen und alles in die Frischkäsemasse einrühren. Zum Schluss das Himbeerpüree gleichmäßig unterziehen. ★ Die Gelatine 5 Minuten in kaltem Wasser einweichen, ausdrücken und bei niedriger Temperatur in einem kleinen beschichteten Topf auflösen. Den Topf vom Herd nehmen und die Gelatine mit etwa 200 ml der Frischkäsemasse vermischen. Diese Mischung zur übrigen Frischkäsemasse geben, alles mit dem Handrührgerät vermengen und 15–30 Minuten stehen lassen, bis sie leicht angedickt ist. Anschließend in die Schüssel mit den Biskuitrollen geben. ★ Den Cheesecake mit Frischhaltefolie abdecken und für 4–5 Stunden, am besten über Nacht, kalt stellen. ★ Vor dem Servieren den Kuchen auf eine Servierplatte stürzen und die Folie entfernen. Zum Anrichten mit roten Beeren garnieren und mit dem Puderzucker bestäuben.

TRÜFFELTORTE MIT ERDBEEREN UND SCHLAGSAHNE

ERGIBT 8 STÜCKE

Für den Teig
150 g Butter
350 g Zucker
75 g Kakaopulver
3 Eier (Größe M)
½–1 Msp. Salzflocken
180 g Weizenmehl (Type 405)

Für die Glasur
1 ½ EL Butter
100 g flüssige Sahne
100 g gehackte dunkle Schokolade
50 g gehackte Vollmilchschokolade

Außerdem
frische Erdbeeren
200 g Sahne, geschlagen

Eine Springform (Ø 24 cm) mit Backpapier auskleiden. ★ Für den Teig die Butter schmelzen und mit dem Zucker in einer Schüssel mit dem Handrührgerät vermengen. Anschließend mit dem Kakaopulver gut verrühren. Die Eier nacheinander einrühren und die Salzflocken einstreuen. Zum Schluss das Mehl unterheben, alles zu einem Teig verarbeiten und in der Form verteilen. ★ Den Kuchen auf einer unteren Schiene 20–25 Minuten backen, je nachdem, wie saftig er sein soll. Anschließend abkühlen lassen. ★ Für die Glasur die Butter in einem kleinen beschichteten Topf schmelzen. Mit der Sahne unter Rühren zum Kochen bringen. Den Topf vom Herd nehmen, die Schokoladen in der heißen Sahne unter Rühren schmelzen und alles zu einer glatten Masse verrühren. Die Glasur abkühlen, aber nicht fest werden lassen, und auf den Kuchen streichen. Die Torte für 1–2 Stunden kalt stellen. ★ Vor dem Servieren mit Erdbeeren garnieren und geschlagene Sahne dazureichen.

LAUWARME SAFTIGE SCHOKOKÜCHLEIN

ERGIBT 4–5 KÜCHLEIN

Für die Böden

Semmelbrösel für die Form
200 g Butter + etwas mehr zum Einfetten
200 g dunkle Schokotropfen oder gehackte dunkle Schokolade
350 g Zucker
4 Eier (Größe M)
120 g Weizenmehl (Type 405)
1 Msp. Salzflocken
1 TL Vanillepulver
3 EL Kakaopulver

Zum Garnieren

125 g frische Himbeeren
Puderzucker

Den Backofen auf 175 °C (Ober-/Unterhitze) vorheizen. 4–5 Tarteletteförmchen mit niedrigem Rand (Ø 10 cm) gut einfetten und mit Semmelbröseln ausstreuen. Die Butter in einem Topf mit dickem Boden schmelzen. Den Topf vom Herd nehmen und die Schokolade in der heißen Butter unter Rühren schmelzen. ★ Die geschmolzene Schokolade mit dem Zucker in einer Schüssel verrühren. Dann die Eier nacheinander unterrühren. Das Mehl mit dem Salz, der Vanille und dem Kakao vermischen und unterheben. ★ Alles zu einem glatten Teig verarbeiten und in den Tarteletteförmchen verteilen. Die Küchlein auf ein Backblech stellen und 5–8 Minuten auf mittlerer Schiene backen, je nachdem, wie saftig sie sein sollen. Vor dem Servieren mit den Himbeeren und Puderzucker garnieren.

TIPP: *Servieren Sie die Schokoküchlein in den Förmchen, am besten lauwarm. Wenn Sie lieber einen Kuchen möchten, den Sie in Stücke schneiden können, backen Sie ihn in einer mit Backpapier ausgekleideten Springform (Ø 22 cm). Lassen Sie ihn dann vor dem Schneiden abkühlen. Dazu passt eine Kugel Vanilleeis.*

WEISSER SCHOKOKUCHEN MIT GERÖSTETER SCHOKOLADE UND BEEREN

ERGIBT 4–6 PORTIONEN
150 g Butter
300 g grob gehackte weiße Schokolade
180 g Zucker
3 Eier (Größe M)
150 g Weizenmehl (Type 405)
1 TL Vanillepulver
Abrieb von 1 unbehandelten Limette oder Zitrone
125 g frische Beeren (z. B. Himbeeren, Blaubeeren, Brombeeren) oder 125 g Rhabarberstücke, mit 3 EL Zucker vermengt

Den Backofen auf 175 °C (Ober-/Unterhitze) vorheizen und eine Kastenform (20 cm bzw. für 1 l) mit Backpapier auskleiden. ★ Die Butter in einem Topf mit dickem Boden schmelzen. Den Topf vom Herd nehmen und 200 g der Schokolade in der heißen Butter unter Rühren zerlassen. Mit dem Zucker in einer Schüssel mit dem Handrührgerät verrühren. ★ Dann die Eier nacheinander einrühren. Zum Schluss das Mehl mit dem Vanillepulver und dem Schalenabrieb vermengen, unterheben und alles zu einem glatten Teig verarbeiten. ★ Den Teig in der Form verteilen. Mit Beeren oder Rhabarberstücken belegen. ★ Den Kuchen auf einer unteren Schiene zunächst etwa 20 Minuten backen. Dann mit dem Rest der grob gehackten Schokolade (100 g) bestreuen, den Backofen auf 175 °C (Grillfunktion) einstellen und den Kuchen unter Sichtkontrolle weitere 5 Minuten backen, bis die Schokolade leicht geröstet ist. ★ Den Kuchen vor dem Servieren in der Form abkühlen lassen.

TIPP: *Unter einer Schicht gerösteter weißer Schokolade verbirgt sich ein weißer Schokokuchen mit Beeren oder Rhabarber.*

FROZEN SCHOKORIEGEL-NOUGAT-CHEESECAKES

ERGIBT 6–8 STÜCKE

Für den Boden
150 g Vollkornkekse
50 g Butter, geschmolzen

Für die Füllung
300 g Frischkäse
90 g Puderzucker
1–2 EL Nuss-Nougat-Creme (z. B. Nutella)
150 g flüssige Sahne
4 Karamell-Schokoriegel (z. B. Twix), grob gehackt, oder 2 Krokant-Schokoriegel (z. B. Daim), fein gehackt

Zum Garnieren
100 ml Karamellsauce, (siehe Rezept Seite 30)

6–8 Mulden eines Muffinblechs mit jeweils 2 Papierförmchen auskleiden. ★ Für den Boden die Kekse in der Küchenmaschine zerkleinern und 1–2 EL zur Dekoration beiseitestellen. Die übrigen Krümel mit der geschmolzenen Butter vermengen. Die Keksmischung in den Muffinformen verteilen, festdrücken und für etwa 30 Minuten kalt stellen. ★ Für die Füllung den Frischkäse und den Puderzucker mischen und mit der Nuss-Nougat-Creme verrühren. Anschließend die Sahne unterrühren. ★ Die Frischkäsemasse und die gehackten Schokoriegel schichtweise in den Mulden verteilen und für 3 Stunden tiefkühlen. ★ Etwa 20 Minuten vor dem Servieren aus dem Gefrierschrank nehmen und die Papierförmchen entfernen. Vor dem Servieren die Karamellsauce über die Küchlein träufeln und alles mit den beiseitegestellten Kekskrümeln bestreuen.

TIPP: *Servieren Sie die Muffins mit warmer Karamellsauce.*

NUSS-SCHOKOKUCHEN MIT SCHOKOLADEN-BUTTERCREME

ERGIBT 6–8 STÜCKE

Für den Teig

100 g Butter
100 g dunkle Schokotropfen oder gehackte dunkle Schokolade
50 g Zucker oder Kokosblütenzucker
3 Eier (Größe M)
1 EL Kakaopulver
150 g Haselnuss- oder Mandelmehl

Für die Creme

100 g flüssige Sahne
1 EL Zuckersirup
300 g gehackte dunkle oder helle Schokolade
100 g zimmerwarme Butter

Zum Garnieren

125 g frische Blaubeeren

Den Backofen auf 175 °C (Ober-/Unterhitze) vorheizen und eine Springform (Ø 20 cm) mit Backpapier auskleiden. ★ Für den Teig die Butter in einem Topf mit dickem Boden zerlassen. Den Topf vom Herd nehmen und die Schokolade in der heißen Butter unter Rühren schmelzen. Mit dem Zucker in einer Schüssel verrühren. Dann die Eier nacheinander einrühren. Anschließend das Kakaopulver untermengen. Das Nuss- oder Mandelmehl einarbeiten und den Teig in der Form verteilen. ★ Den Schokokuchen auf mittlerer Schiene etwa 15 Minuten backen. Anschließend abkühlen lassen. ★ Für die Creme die Sahne und den Sirup in einem kleinen beschichteten Topf aufkochen. Den Topf vom Herd nehmen und die Schokolade in der heißen Sahne unter Rühren schmelzen. Die Masse in einer Schüssel abkühlen, aber nicht fest werden lassen. Dann die Butter esslöffelweise einrühren. ★ Die Schüssel mit Frischhaltefolie abdecken und für etwa 1 Stunde kalt stellen, bis die Creme fest, aber immer noch streichfähig ist. ★ Den Kuchen anschließend mit der Creme bestreichen. Vor dem Servieren mit den Blaubeeren garnieren.

CHEESECAKE-DIP MIT ERDBEEREN

ERGIBT 6–8 PORTIONEN

200 g Frischkäse
150 g Mascarpone
100 g zimmerwarme Erdnussbutter (creamy oder crunchy)
60–120 g Puderzucker
2 Krokant-Schokoriegel (z. B. Daim)
10 Mini-Erdnussbuttertörtchen (z. B. Reese's Butter Cups)
75 g bunte Schokolinsen (z. B. M&M)
75 g Schokotropfen oder gehackte Schokolade

Zum Servieren
750–1000 g frische Erdbeeren

Den Frischkäse und den Mascarpone verrühren. Dann die Erdnussbutter unterrühren. 60 g Puderzucker nach und nach unter die Masse mischen, je nach Geschmack mehr Puderzucker zufügen. ★ Die Krokant-Schokoriegel fein hacken, die Erdnussbuttertörtchen in kleine Stücke zerteilen und die Schokolinsen grob hacken. Die zerkleinerten Süßigkeiten und die Schokotropfen unter die Creme heben. ★ Zum Servieren den Dip mit den Erdbeeren anrichten.

TIPP: *Große Erdbeeren eignen sich am besten zum Dippen in diesem leckeren, süß-salzigen Cheesecake-Dip voll mit himmlischen Süßigkeiten. Aber auch Ananas passt gut dazu, wenn Sie keine Erdbeeren nehmen möchten.*

GOLDEN CONE CHEESECAKE

ERGIBT 4 EISWAFFELN
150 g Mascarpone
300 g Frischkäse
60 g Puderzucker
1 TL Vanillezucker
100 g flüssige Sahne

Zum Servieren
100–150 ml Schokosauce, Fertigprodukt oder selbst gemacht (siehe Rezept Seite 30)
4 Eiswaffeln
4 Blätter essbares Gold

Den Mascarpone und den Frischkäse gut verrühren. Danach den Puderzucker hineinsieben, unterrühren und den Vanillezucker unter Rühren zufügen. Anschließend die Sahne nach und nach einrühren, bis die Masse dick und cremig ist. Für 1 Stunde kalt stellen. ★ Zum Servieren zunächst die Schokosauce in die Waffeln füllen. Dann die Cheesecake-Creme hineinspritzen. Zum Schluss das essbare Blattgold mit einer Küchenpinzette auflegen und die Eistüten sofort servieren.

TIPP: *Die kostbaren und essbaren Goldblätter bestehen aus 24 Karat reinem Gold. Ich habe sie im Internet gefunden, aber es gibt sie auch in Läden für Künstlermaterial. Die Schokosauce kann auch durch Marmelade ersetzt werden.*

PAVLOVA MIT MASCARPONE-CREME UND ERDBEEREN

ERGIBT 6 STÜCKE

Für den Baiser

3 Eiweiß (Eier Größe L)
250 g Zucker

Für die Creme

250 g Mascarpone
200 g flüssige Sahne

Zum Garnieren

200 ml Lemon- oder Maracuja-Curd
500 g frische Erdbeeren
Minzeblätter
2 EL Puderzucker

Den Backofen auf 100 °C (Ober-/Unterhitze) vorheizen. ★ Ein Backblech mit Backpapier auslegen und darauf einen Kreis mit einem Durchmesser von 24 cm zeichnen. Das Backpapier umdrehen. ★ Für das Baiser das Eiweiß steif schlagen. Die Hälfte des Zuckers unterrühren. Anschließend den Rest des Zuckers esslöffelweise zufügen und mit dem Handrührgerät unterrühren, bis die Baisermasse fest und glänzend ist. ★ Die Baisermasse in dem durchscheinenden, aufgezeichneten Kreis auf dem Blech verteilen, dabei einen etwas höheren Rand formen. ★ Das Baiser auf einer unteren Schiene etwa 60 Minuten backen. Den Ofen ausschalten und die Pavlova im Ofen abkühlen lassen. ★ Für die Creme den Mascarpone in einer Schüssel cremig rühren. Die Sahne unterrühren und alles zu einer luftigen Creme aufschlagen. ★ Dann den Curd und die Mascarpone-Sahne-Creme auf dem erkalteten Baiserboden verteilen. ★ Für die Garnitur die Erdbeeren waschen, halbieren und die Pavlova damit und mit Minzeblättern garnieren. Mit dem Puderzucker bestäuben und sofort servieren.

TIPP: *Pavlova ist eine wunderbare Baisertorte, die leicht und luftig wie das Tutu einer Ballerina ist. Sie wurde von einem Koch aus Neuseeland erfunden, der sich in eine russische Ballerina gleichen Namens verliebte.*

REZEPTREGISTER

American Classic Cheesecake 8
Apfel-Cheesecake im Glas 27
Apfel-Schokokuchen 57

Baked Banana Cheesecake 51
Blaubeer-Cheesecake 61

Cheesecake-Dip mit Erdbeeren 114
Cheesecake-Tarte mit Sommerbeeren 64
Cheesecake-Tartelettes mit Himbeeren 100
Cheesecake-Torte mit Himbeeren 78
Cheesecake-Tupfen mit Baiser und Erdbeeren 80
Crema Catalana Cheesecakes 70
Cremiger Rhabarber-Cheesecake 55
Crunchy Yoghurt Cheesecake 86

Einfache weiße Schokomuffins 32

Französische Schokokuchen-Muffins mit Mokka-Frosting 52
Frozen Baileys Cheesecake 90
Frozen Berries Cheesecake 34
Frozen Erdbeer-Cheesecake 98
Frozen Passion Chocolate Cheesecake 94
Frozen Passion Yoghurt Cheesecake 68
Frozen Schokoriegel-Nougat-Cheesecakes 110

Glasierter Kichererbsen-Schokokuchen 42
Goldbestäubtes Kuchenkonfekt 22
Golden Cone Cheesecake 117

Himbeer-Cheesecake-Eis 58
Himbeer-Cheesecake à la Tiramisu 36
Himbeer-Cheesecake à la Charlotte Russe 102
Himbeer-Schokokuchen mit Sahne und Himbeerpuder 18

Karamellsauce 30
Karamell-Schokokuchen 92
Key Lime Cheesecake 48
Kirsch-Cheesecake 75
Klassischer schwedischer Schokokuchen 14
Kokos-Schokokuchen 20

Lauwarme saftige Schokoküchlein 106

New York Blueberry Cheesecake 96
No Bake Cookie Cheesecake 44
No-Bake-Safran-Cheesecake mit Beeren 82
No Bake Smoothie Cheesecake 16
Nuss-Nougat-Creme-Erdnuss-Cheesecake 28
Nuss-Schokokuchen mit Schokoladen-Buttercreme 112

Pavlova mit Mascarpone-Creme und Erdbeeren 118
Pflaumen-Cheesecake mit weißer Schokolade 73

Russische Mini-Cheesecakes mit Mandeln 63

Schokokuchen-Torte mit Mokkacreme 66

Schokokuchen-Trifle 88
Schokokuchen-Trüffel 40
Schokokuchen mit Baiser 38
Schokoladentarte mit Mascarpone-Füllung 6
Schokosauce 30

Trüffeltorte mit Erdbeeren und Schlagsahne 105

Üppige Schokotorte 84

Weiße Schokokuchen-Cupcakes 13
Weißer Bonbon-Schokokuchen 10
Weißer Schokokuchen mit gerösteter Schokolade und Beeren 108
Weißer Schokokuchen mit Limetten-Frosting 24
Weißer Schokoladen-Cheesecake mit Äpfeln 46

Zitronen-Cupcakes mit Sahne und Erdbeeren 77